La magia
de crecer juntos

HEDVIG
MONTGOMERY

La magia
de crecer juntos

SIETE PASOS
PARA UNA CRIANZA SANA Y FELIZ

Grijalbo

Papel certificado por el Forest Stewardship Council®

Título original: *Foreldremagi*
Primera edición: febrero de 2019

© 2018, Pilar Forlag As
© 2019, Penguin Random House Grupo Editorial, S. A. U.
Travessera de Gràcia, 47-49. 08021 Barcelona
© 2019, Lotte Katrine Tollefsen, por la traducción

Printed in Spain – Impreso en España

Maquetación: M. I. Maquetación, S. L.

ISBN: 978-84-17338-55-8
Depósito legal: B-396-2019

Impreso en Gómez Aparicio, S. A.
Casarrubuelos, Madrid

D O 3 8 5 5 8

Penguin
Random House
Grupo Editorial

ÍNDICE

7 ..... **INTRODUCCIÓN:** La magia de ser padres

21 ..... **LOS SIETE PASOS:**

23 ..... ① Crear lazos afectivos

41 ..... ② Aprender a controlar los sentimientos fuertes

69 ..... ③ Dejar al niño libertad

87 ..... ④ ¿Qué hacer cuando surgen los problemas?

101 ..... ⑤ Salvar tu relación (y tu familia)

115 ..... ⑥ Poner límites y ser consecuente

141 ..... ⑦ Plantar cara a tus propios problemas

165 ..... **CUANDO LOS PROBLEMAS CRECEN**

180 ..... **EL CAMINO QUE SEGUIR**

LA MAGIA
DE SER PADRES

En algunos momentos resulta sencillo ser padres. Nuestro hijo se acuesta sin problemas, duerme toda la noche, come con cuchillo y tenedor, se viste él solito y va a la guardería y al colegio con una sonrisa en los labios. Resulta evidente que se encuentra bien. Pero luego hay otros muchos momentos muy distintos. Nuestro hijo no quiere dormir, no come, se pelea con otros niños, grita... Y solucionar todos esos conflictos también forma parte de nuestra tarea a la hora de educar.

¿Qué hacer cuando volvéis de la guardería y el niño se pone imposible en el autobús, a la vista de todo el mundo, o cuando vais mal de tiempo por la mañana y el niño no quiere ir al colegio?; ¿o cuando es hora de irse a la cama, te encuentras hasta mal de puro cansancio, pero tu hijo de un año prefiere golpearse la cabeza contra los barrotes de la cuna? En estas situaciones, a la mayoría de los padres se les presentan dos alternativas: enfadarse y tratar al niño con brusquedad, y echarle una regañina que después les haga sentirse más o menos fracasados; o, al contrario, rendirse, cerrar los ojos ante los hechos y sentir una impotencia enorme.

Pero existe *una tercera vía*, un camino que te ayudará a entender mejor a tu hijo y a verlo como es, y a través de la cual también podrás verte a ti mismo tal y como eres, analizar tu propia infancia, tu propia historia. Mi intención con este libro es ayudarte a encontrar un camino en el que tú, como madre o padre, mantengas el control y manejes situaciones complicadas que surgirán con toda seguridad. *Esa* es la magia de ser padres.

Este es el primer libro de una serie que trata sobre la educación. Está escrito tanto para quienes van a ser padres por primera vez como para aquellos que necesitan una guía en ruta para aprender a identificar los aspectos más importantes de la crianza. Ser padre es un proyecto a largo plazo; dispones de unos veinte años, así que no es demasiado tarde. Los títulos sucesivos se ocuparán de las distintas edades y fases infantiles, pero en este quiero contarte cuál es la base de todo ello, lo que genera seguridad y felicidad. Te proporcionaré siete sencillos pasos que te ayudarán a ser el padre o la madre que aspiras a ser.

Tras veinte años en ejercicio como psicóloga y terapeuta familiar, hay una cosa de la que estoy completamente segura: todos queremos ser buenos padres, todos deseamos lo mejor para nuestros hijos. A pesar de eso, cometemos errores constantemente. No siempre sabemos cuál es el camino correcto y muchos de nosotros compartimos las mismas dudas, las mismas preocupaciones.

La tarea de ser padres engloba tantos retos, grandes y pequeños, que es imposible estar completamente preparados para todo lo que se avecina. Una de las primeras frustraciones que muchos experimentan es que ser la madre o el padre que les gustaría ser es muy difícil. Creo que fue más o menos a raíz de eso que nació la idea de escribir este libro. No hay ninguna otra faceta de nuestra vida en la que podamos obtener tantos logros como en la tarea de educar. Hace falta muy poco para que los padres sean capaces de manejar un poco mejor los momentos complicados.

El propósito de este libro no es transformarte en la madre o el padre perfecto; eso no existe. La infancia sin problemas es solo un cuento, por tanto, no es una meta que se deba perseguir.

Para educar a personas seguras, autónomas y razonablemente felices que interaccionen bien a nivel social, tienes que empezar por establecer un vínculo entre tu hijo y tú, crear un *nosotros*. Te mostraré cómo hacerlo y te enseñaré a conservar ese lazo en los días buenos y en los no tan buenos, que llegarán. Ese vínculo estará allí en las noches de insomnio y gripe, en los primeros pasos y heridas, en los primeros días de colegio, en las sumas imposibles de resolver, y también en los enamoramientos fallidos, en todas las victorias y las derrotas de la vida cotidiana. Porque así es la vida: os golpeará de forma individual y en conjunto.

En todo este proceso, tu misión será, por encima de cualquier otra, preservar el *vínculo* y que se afiance la madurez. Intentaré mostrarte el camino que se recorre en común, desde la infancia, como familia, como tribu.

¿Cómo proporcionarás al niño la sensación de pertenencia? ¿Qué le hará ganar en seguridad y autoestima? ¿Cómo podrás comprender y manejar todos los sentimientos que vayan manifestándose en él? Te guiaré en los días difíciles y te retaré a que revises tu propia historia, tu infancia, y a que estudies cómo influyen tus patrones de reacción en la relación con tu hijo. ¿Cómo puedes evitar enfadarte o desanimarte? ¿Qué haces cuando el conflicto es algo habitual?

Nadie nace buen padre, pero la mayoría puede llegar a serlo. Todos podemos mejorar. Pase lo que pase, el papel de padre exigirá sabiduría, instrucción, muchísimo valor y conocimiento de uno mismo. En ocasiones te exigirá más de lo que puedas imaginar, pero lo mejor de todo es que, si te conviertes en mejor padre, también serás mejor ser humano. En otras palabras: el esfuerzo merece la pena. Y, como acabamos de comentar, toda esta experiencia comienza intentando preservar el *vínculo* entre vosotros. Tiene que durar toda la vida, y es tu deber protegerlo. Es la misión más importante de tu vida.

La educación infantil y la constancia

Mi despacho se encuentra detrás del palacio real de Oslo, en un edificio blanco, grande y venerable. Se lo alquilo a una señora mayor. Tiene una hermosa escalera de madera que cruje al pisarla, y una ventana bajo la cual pasa el tranvía traqueteando cada cinco minutos. Es un bonito despacho: una pequeña estantería con libros de texto, una alfombra en el suelo, un sofá. Hace ya dos decenios que desempeño este trabajo y me sigue apasionando. Cuando era joven, una psicóloga recién licenciada, no imaginaba que acabaría trabajando en este campo. Las bases de mi propia familia se tambalearon cuando yo era adolescente, y al echar la vista atrás y recordar la persona en que me convertí, me observo con extrañeza. Tiempo después tuve a mis propios hijos, primero con una de mis parejas y luego con el hombre de mi vida, un tipo nada pretencioso a quien le encanta restaurar viejos barcos de madera y que tiene un miedo mortal a las alturas.

Año tras año, diferentes familias han subido por la escalera que cruje para permitirme trabajar con ellas. También he impartido cursos y charlas, y he intentado construir mi propia familia lo mejor que he sabido. Sin prisa pero sin pausa, todo ello ha ido conformando mi vida.

Uno de los principales errores de los padres consiste en creer que educar a los hijos es tomar una determinada actitud cuando se portan mal, que *esa* es la educación infantil, la forma en que hablan a sus hijos cuando hacen algo incorrecto. Pero la educación de los niños es todo aquello que ocurre en una familia, en la guardería o en el colegio en todo momento; son todas las respuestas que damos, todos los pequeños códigos que los niños aprenden cuando la vida se desarrolla de manera armoniosa. La suma de todo ello da como resultado la educación infantil.

La magia parental sucede en los días corrientes, en todo lo cotidiano. La educación de los niños es la conversación alrededor de la mesa durante la cena de un martes por la noche, es cómo miras a tu pareja, cómo repartes los refrescos o cómo saludas a desconocidos en el supermercado. Es el ambiente que se respira en tu hogar, es cómo juegas, quién eres en el patio de atrás, cambiando pañales, ayudando con los deberes o parloteando. En esos momentos estás transmitiéndole enseñanzas al niño en un grado mucho mayor del que imaginas. La educación infantil sucede todo el tiempo. Solo puede vivirse.

Hay muchos métodos, mucha gente que asegura tener soluciones sencillas a los problemas que te encontrarás como padre o madre. De entrada, puedo decirte que no existe ninguna solución milagrosa. Digan lo que digan, estás en el punto de partida de una maratón, larga y exigente, pero te prometo que puede resultar bonita.

Y de repente un día, antes de lo que imaginas, el niño se convertirá en un adulto y se marchará de casa. Mientras llega ese momento, hay que intentar pasarlo lo mejor posible. Demuéstrale a tu hijo que lo aprecias, y enséñale, a través de tu ejemplo, que el mundo es un lugar en el que merece la pena vivir.

¿Qué es una familia?

Las familias se presentan en todos los formatos posibles. Creo que he conocido la mayoría de ellos. A veces las conforman madre, padre y niño. Otras veces se construyen en torno a lo que ha quedado tras un divorcio, con nuevas parejas y nuevas constelaciones. Pueden formarlas dos madres o dos padres, un padre o una madre en solitario, o incluso abuelos que se han hecho cargo de sus nietos. También pueden tratarse de un niño en

NOSOTROS, LOS INSEGUROS

Todos los niños nacen inseguros. Así es la vida. Nos levantan, desnudos e indefensos, hacia el frío, la luz y el ruido. Desde que inspiramos aire por primera vez, nuestro sistema nervioso se pone a la defensiva. El temor se aloja en lo más profundo de nuestro ser, siempre cerca, como una especie de *software* humano, una defensa. Lloramos porque es la única manera de avisar, porque dependemos por completo del contacto que el llanto provoca.

Así es: el temor llega con facilidad, la seguridad lleva tiempo. Por este motivo, el cometido de los adultos es transmitir esa seguridad. Son los mayores quienes generan confianza, construyen las relaciones, nos transmiten una y otra vez la experiencia del cuidado, nos sientan en su regazo, nos enseñan a entender los sentimientos, nos toleran y nos aman. Siempre están ahí.

Es una labor que requiere tiempo, pero cuanto más experimentemos que el mundo es un lugar seguro, mejor nos irá.

acogida, un niño que se había planificado tener o un niño llegado por sorpresa. No importa si sois dos o dieciocho en la familia; pase lo que pase, ya vais en el mismo barco. Debéis confiar, ayudaros y estar ahí los unos para los otros.

Si analizas cuáles pueden ser las carencias de una familia, con frecuencia se te escapará lo que sí tiene. Al niño no le importa demasiado si esta es grande o pequeña, siempre que cuente con un adulto que haga una buena labor. Que se trate de una mujer o un hombre solos no importa en absoluto. Todas las familias necesitan un buen progenitor, dos es un lujo. Si estás solo, tienes una responsabilidad mayor, pero no significa que no lo vayas a lograr. Es más, el espectro familiar normalmente se amplía con amigos y gente cercana que pasa a formar parte de la vida diaria. Los niños necesitan tener a distintas personas como referente, ver que hay diferentes maneras de enfrentarse a los retos de la vida.

Estoy convencida de que no importa cuál sea la composición de tu familia, lo importante es lo bien que se te dé construirla, cuidar de tu rebaño, sea este grande o pequeño.

¿Sobreprotección?

Cuando la matrona puso a mi primer bebé en mis brazos, era un ser pequeño, extraño y tembloroso que sostenía mi mirada, desconocido y familiar a la vez. Todavía puedo recordar la extraña sensación que me invadió durante aquellas primeras horas en el hospital, al sujetarlo, al sentir cómo todo lo que había ocurrido hasta ese momento se concentraba en aquel instante. Le observaba

allí tumbada y susurré: «Te protegeré de todo lo malo. Siempre».
Al decirlo ahora suena un poco banal, pero en aquel momento tenía
todo el sentido del mundo.

Con el tiempo he comprendido que lo que dije entonces no es
real. Es imposible proteger de todo lo que resulta doloroso,
y tampoco es algo que debamos intentar. Con el tiempo, los niños
necesitan sufrir derrotas: fracasarán en el colegio, se pelearán con
sus compañeros del equipo de fútbol y se enamorarán sin ser
correspondidos, porque todo eso forma parte de la vida.

Como padres, desde el primer momento nos preocupa mucho
proteger. Padres y madres, por lo demás sensatos, empiezan a
advertir peligros en cada pieza de construcción, en cada adulto que
mira al niño de manera sospechosa, en los árboles de gran altura y
en las bacterias amenazantes. De repente, el mundo parece estar
lleno de riesgos y obstáculos.

Por supuesto, esto es completamente natural. Debes cuidar bien
de tu hijo. El problema es que hoy en día tenemos tantos medios a
nuestro alcance para hacerlo que es fácil caer en el exceso.

Hay dos razones por las que no se recomienda la
sobreprotección. Para empezar, los niños necesitan enfrentarse a
retos. Dependen por completo de poder ir un poco más allá, ampliar
su círculo, obtener logros y sentir que son suficientemente buenos.
Y lo soportan. Cada vez que haces algo por tus hijos que podrían
haber hecho ellos mismos, contribuyes a disminuir su capacidad.

La otra razón por la que está contraindicada es porque, de ese
modo, casi todo acaba girando en torno al niño, y ser el centro de la

familia resulta agotador para él. En la vida familiar debe haber un equilibrio, hay que dar cabida a todos sus miembros, y no se puede poner el foco de atención en el niño de forma permanente.

El niño es él mismo

Otra cosa que quisiera recordarte antes de seguir adelante es que nadie decide qué clase de niño tiene. Cada padre es diferente. Para algunos es importante que sus hijos tengan buenos modales y caigan bien, mientras que otros prefieren que coman variado, sean deportistas o toquen algún instrumento musical. Algunos quieren tener hijos muy autónomos desde pequeños, que no tengan miedo y sean extrovertidos en su peripecia vital, y otros valoran que sean modestos. Todo eso está muy bien, en el mundo necesitamos toda clase de personas, pero no olvides que los niños son ellos mismos. Son individuos.

Aunque seas de la opinión de que tu hijo debe comer de todo, puedes tener un niño especialmente selectivo con la comida y que rechace sabores nuevos. No depende de ti. Tal vez te gustaría tener un hijo encantador y valiente, pero puede que tengas uno tímido e introvertido. Los amantes del arte pueden tener hijos que odien los museos, y los aficionados al fútbol pueden tener hijos que no se interesen demasiado por dar un buen pase. No todo gira en torno a los planes que ya tenías para él. Tu hijo es distinto a ti, y debes conocerlo. ¿Qué le gusta? ¿Con qué se ríe? Demuéstrale cada día que lo conoces, habla con él de algo que le interese. Debes *verlo*.

No importa qué clase de hijo tengas, te puedo asegurar que los primeros veinte años están plagados de sorpresas. En mi vida he dedicado ni un minuto al deporte, pero tuve un hijo que aprendió a decir «hockey sobre hielo» prácticamente antes de aprender a caminar. Ese fue el primero de muchos recordatorios de que él es él mismo, con sus propios intereses e ilusiones. Así es, y juntos debéis ser una familia.

LO BASTANTE BUENO

Como padre, estás condenado a sentir que en ocasiones no das la talla. Si no lo has experimentado todavía, llegará el momento. El futuro te depara situaciones más o menos complicadas que te costará manejar. Ahora es tu niño el que grita sin parar en el supermercado, y es fácil sentirse inútil si no sabes cómo detener aquello. Lo mismo sucede cuando el niño espachurra la comida en el mantel de hilo de tus suegros y sientes sus miradas críticas posarse sobre ti. Habrá días en los que te sentirás insignificante, fracasado, pero debes ser consciente de que, precisamente cuando te sientes pequeño, es cuando pueden surgir las situaciones más peligrosas entre vosotros. Si sientes impotencia, es fácil enfadarse demasiado, utilizar palabras hirientes y agarrar al niño con demasiada fuerza. Los momentos menos hermosos de la vida familiar suceden cuando los adultos se sienten en inferioridad de condiciones.

Por eso quiero decirte que, como padre, debes saber algo: nunca te sientas impotente ni pequeño. El niño te admira, y siempre observará cómo reaccionas y aprenderá de ello. Lo que aprenda depende de lo que tú hagas. Si eres capaz de manejar situaciones en las que te sientes impotente sin recurrir a la fuerza, sin pegar y sin agredir verbalmente a tu hijo, has obtenido un gran logro. Para algunos resulta sencillo; para otros, muy difícil. Cada uno de nosotros debe trabajar desde su propio punto de partida. Ser lo bastante bueno consiste en saber manejar las situaciones en las que en principio te sientes pequeño sin estropear la relación con tu hijo.

Todo lo que seas capaz de hacer además de esto será fantástico, pero lo más importante para ti es ser lo bastante bueno.

LOS
SIETE
PASOS

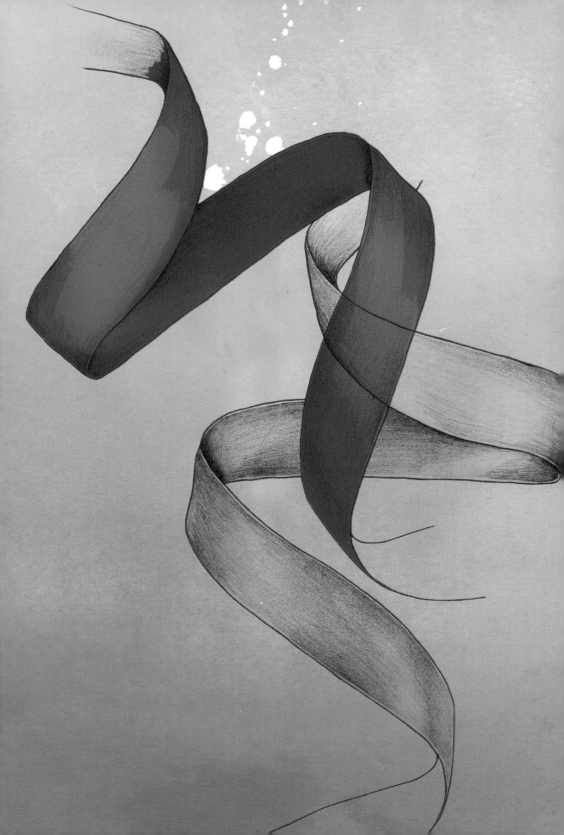

1

CREAR LAZOS AFECTIVOS

Todos los padres que he conocido tienen algo en común: quieren hijos felices e independientes. Al mismo tiempo, estoy en contacto con muchos niños y jóvenes que no se sienten así, y no siempre es fácil detectar las causas. Son jóvenes que acuden a mí porque tienen la sensación de que no valen nada, de que están solos, aunque estoy convencida de que sus padres han hecho por ellos todo lo que han podido: les han ayudado con los deberes, les han llevado a los entrenamientos, les han preparado tortitas y el almuerzo para el colegio...

A veces, después de una consulta, me quedo en mi despacho pensando que, en el caso de estos jóvenes, habría sido mejor que algunas cosas se dijeran antes, que alguien hubiera abierto ese camino en los primeros años de la infancia. El mejor comienzo para ser un adulto feliz es sentirse seguro durante esa etapa. El principio es determinante. Mucha gente habla de los «1001 días más importantes»,

PARA SER FELICES, NECESITAMOS APRENDER A SENTIRNOS SEGUROS. SI SOMOS CAPACES DE CREAR UN LAZO ENTRE NUESTRO HIJO Y NOSOTROS, LE ESTAMOS SALVANDO LA VIDA.

donde se construyen las bases de lo que será tu evolución como persona.

Aunque tardes un poco más que otros en encontrar el camino correcto, no debes preocuparte, eso no quiere decir que hayas llegado tarde. Toda la infancia gira en torno al contacto entre tu hijo y tú, a la seguridad que se crea desde el inicio; y esto constituirá la base de su desarrollo como persona hasta ser adulto.

Tu hijo necesita tener una buena relación con su entorno, desarrollar un sentimiento de pertenencia, un *nosotros*. Cuando estáis juntos, los padres y los niños crecéis al mismo tiempo, y el lazo que establezcas con tu hijo dependerá de cómo esté la familia, del ambiente que creéis, de cómo salgas a su encuentro en los días buenos, y en los que resulten desastrosos.

Ese vínculo le proporcionará al niño autoestima y seguridad, y eso es lo que le enseñará a valorarse, lo que poco a poco le ayudará a construir sus cimientos.

Entonces, ¿cómo puedes crear ese lazo? Hay tres principios básicos que no pueden faltar.

1. Crea una base sólida

Los niños necesitan adultos que les consuelen, que les abracen y que toleren sus problemas, grandes o pequeños. Desde el principio deben experimentar la confianza y la seguridad del «aquí puedo estar», «aquí estoy bien». El objetivo es que el niño sienta que tú eres el mejor, que contigo siempre está seguro, que siempre puede acudir a ti y que tú eres quien le entiende. Si los niños sienten que tienen una base segura desde la que pueden salir a explorar el mundo, llegarán más lejos, porque sabrán que siempre hay un punto de referencia al que acudir para recibir consuelo y apoyo. Si comprueban que esa base es sólida, tendrán más fe en que las cosas irán bien, en que siempre podrán salir adelante, pase lo que pase.

Por ejemplo, si el niño se hace daño, no debe dudar de que recibirá tu consuelo. Y, cuando no esté seguro de si algo es bueno o peligroso, debes darle la respuesta correcta con tu manera de comportarte. Si eres seguro

El trabajo más importante que pueden hacer los padres es consolar a sus hijos. Siempre debe haber unos brazos abiertos. Si un niño resulta inconsolable, es sencillamente porque no has dado con la llave de ese niño, y debes seguir buscando. Los niños que no reciben consuelo se sienten traicionados.

y predecible, el niño acudirá a ti cada vez que la seguridad sea importante. Así, tu hijo podrá jugar con otros niños y acudir a ti cuando algo no vaya bien; o podrá explorar el jardín y volver a ti cada vez que le asuste un ruido, o un insecto grande, o lo que sea. Los niños necesitan un lugar al que acudir, y tú debes mostrar seguridad y estar siempre presente. Eso también implica que, cuando el niño se ha asustado, por ejemplo, porque se ha acercado demasiado a una carretera llena de coches y acude a ti corriendo, debes consolarlo, no regañarlo más de lo necesario. Explícale que los coches pueden ser peligrosos, pero no le asustes. Es fácil enfadarse, tal vez porque uno mismo esté asustado, pero no resulta útil para que el niño se sienta seguro contigo.

Si el niño piensa en ti, en vosotros, como el puerto seguro al que siempre puede regresar, le será útil hasta el día en que se vaya de casa. Si duda, no dejará que le ayudes.

LA EDUCACIÓN INFANTIL ES UNA LABOR
A LARGO PLAZO. SON NECESARIOS AÑOS,
DÉCADAS. DISPONEMOS DE ESE TIEMPO,
Y SOLO TENEMOS QUE INTENTARLO
UNA Y OTRA VEZ. NO PASA NADA SI DE VEZ
EN CUANDO SALE MAL, SIEMPRE QUE NO SEA
CON DEMASIADA FRECUENCIA.

Durante su infancia,
tu hijo necesita que lo percibas
como realmente es. Salúdalo con
alegría cuando entra en la habitación
o cuando habéis estado separados. Si
demuestras a tu hijo cada día que estás
feliz que él o ella exista, estás creando
un lazo de seguridad importante entre
vosotros dos. Esto es igual para un niño
pequeño como para un adolescente
quejica de 14 años. Nunca dejes
de mostrarle a tu hijo tu
satisfacción y respeto.

2. Formad una tribu

Las personas necesitamos pertenecer a una tribu, y los niños también
deben sentirse parte del grupo. Por eso son tan importantes los ritos
y los intereses comunes. Da igual que tu tribu la formen dos miembros
o siete, necesitáis vuestros ritos: las cenas, las series de televisión, la
pizza de los viernes, los chistes que solo vosotros entendéis, las tardes
de juegos de mesa, etc.

Demuéstrale también al niño que forma parte de esa tribu teniendo
en todas las habitaciones objetos que le gusten y con los que pueda
entretenerse. Haz que tanto los días laborables como las vacaciones
conlleven actividades y un ritmo que proporcionen a todos los
miembros de la familia algo placentero que hacer. Adapta la vida
familiar en función de quienes estén presentes y de su edad.
Si los niños sienten que tienen un lugar en la tribu, ellos mismos

desarrollarán unas habilidades sociales que podrán utilizar al salir por la puerta y toparse con el mundo.

3. Corrobora sus sentimientos

A los niños les gusta comprobar que sus sentimientos son comprendidos y corroborados, que tendrán apoyo a la hora de gestionar unos sentimientos cuya intensidad no son capaces de comprender aún. Esto es importante porque los capacita para relacionarse con las personas más cercanas y con aquellas otras que irán conociendo a lo largo de su vida. Los niños necesitan aprender a expresar con palabras lo que sucede en su interior y a su alrededor, algo aplicable tanto en la etapa de guardería como en la adolescencia.

Cuando un niño de cuatro años se enrabieta por la mañana porque no quiere ponerse las botas para ir a la guardería, debes entender que no es nada personal. Tal vez el niño tenía la esperanza de poder quedarse en casa un rato más o de ponerse unos zapatos más bonitos. ¿Quién sabe? En este caso, le podrías decir, por ejemplo: «¿Te has enfadado mucho por las botas?». Si recibe ese pequeño reconocimiento antes de solucionar la situación, ya sea diciéndole que lo entiendes, pero que tiene que ponerse las botas; o acordando que se las ponga cuando lleguéis al final de la escalera; o lo que resulte más apropiado, el niño se sentirá comprendido y podrá entender la situación por sí mismo. De esta forma, su comportamiento también se hará mucho más manejable.

VIVE CON LOS NIÑOS, NO PARA ELLOS

Vas a intentar crear un hogar donde los adultos y los niños convivan, no basta simplemente con estar. Los niños desean pertenecer, quieren formar parte de algo, participar, y se sienten mal cuando perciben que son un trabajo o una obligación para sus padres. Por eso debes plantar flores *con* ellos, no *para* ellos; hacer algo especial algún sábado por la noche *con* ellos, no *para* ellos; hornear pan *con* ellos, no *para* ellos; hacer las tareas domésticas *con* ellos, no *para* ellos. El objetivo debe ser compartir lo máximo posible, como una familia. Los padres no sois empleados de los niños, sois *vosotros*, la tribu.

Quizás no siempre sea posible, quizás te lleve más tiempo, pero debes esforzarte en compartir el mayor número posible de actividades con tu hijo. Es la principal herramienta educativa. La mejor manera de aprender es hacerlo mientras está con la persona a quien más valora en el mundo: tú.

¡Oh, no! Lo he hecho todo mal

Muchos de los padres con los que trato en mi trabajo sienten que no han sido capaces de comenzar la vida de sus hijos como les habría gustado. Puede que intuyan que se han equivocado porque tienen un hijo ya más mayor (no en etapa infantil) al que no entienden o con el que no consiguen conectar. En ese caso, les digo que se puede volver atrás. La educación de los hijos es un proceso prolongado, hay mucho tiempo para mejorar y reparar el lazo que os une para proporcionarle al niño la seguridad que necesita. Empieza cambiando tu manera de ejercer la maternidad o la paternidad y explícale a tu hijo que has estado demasiado enfadado o enfadada, demasiado ausente, o lo que sea, y que vas a intentar mejorar. Es una tarea difícil, pero te aseguro que valdrá la pena.

La mejor enseñanza

Hace poco me encontré por la calle con un amigo que acababa de ser padre por primera vez. Llevábamos mucho tiempo sin vernos y nos quedamos hablando de su hijo, que ya había cumplido siete meses. Me contó que el bebé estaba sano y feliz, pero que le daba pena que el niño no se calmara con él. Cuando intentaba acostarlo, parecía que hubiera despertado a un monstruo. El niño berreaba, se le saltaban las lágrimas y daba puñetazos y patadas al aire. Su desesperación a la hora de irse a dormir era total y absolutamente incomprensible para los padres. Me dijo que se sentía un padre bastante mediocre. Sonreí y le respondí que la sensación de no ser lo bastante bueno la tenemos todos. Luego le pedí que pensara en la situación, que entendiera que, cada vez que se quedaba con el bebé y aguantaba una de estas situaciones difíciles, le estaba transmitiendo conocimientos. El niño lo aprende poco a poco, y al final todo sale bien: papá es capaz de manejar los sentimientos más intensos, papá se queda, papá permanece cercano. Para un niño pequeño, no existe una enseñanza mejor. Y en realidad es así en todas las situaciones que pueden parecer insoportables. Que aguantemos el momento y permanezcamos a su lado es una enseñanza activa, algo que va calando poco a poco, aunque resulte agotador.

Por supuesto, mi amigo no tenía un monstruo en casa encerrado en su cuna de barrotes, sino un pequeño ser humano inseguro, desbordado por sus sentimientos y que necesitaba ayuda para sentirse tranquilo.

Todo mejora conforme pasa el tiempo. Llegará un día en que a mi amigo le resultará extraño recordar que en un momento determinado las cosas fueran así. Del mismo modo, la mayoría hablará con padres que dirán: «En nuestra casa no era ningún problema el irse a la cama». Han olvidado cómo era en realidad. No perder los nervios es el primer objetivo, el siguiente es encontrar una manera de tranquilizar y consolar. Y si se hace demasiado difícil, mamá puede ocuparse una noche o dos hasta que vuelvas a intentarlo.

Unas semanas más tarde recibí un mensaje de texto en el que me decía que, de repente, la hora de irse a dormir iba bastante bien. No entendía por qué. ¿Magia? Bueno, en cierto modo, tener hijos pequeños es mágico.

LOS ERRORES PARENTALES MÁS FRECUENTES

Todas las etapas de la infancia tienen su encanto y sus facetas más difíciles. Tal vez sirva de consuelo pensar que casi todo pasa, desaparece tan rápido como apareció. Conocer algunos aspectos básicos del desarrollo de los niños y sus necesidades te salvará de los errores más graves.

DE 0 A 1 AÑO
Cercanía, paciencia y consuelo

Tu niño todavía no es autónomo. No va a aprender a dejar de llorar, ni que «no es no». El aprendizaje más importante para los niños de esta edad es que el mundo es un lugar seguro y que estás allí para él. Eso no quiere decir que tengas que reaccionar al primer sonido cuando se despierte o ante el primer indicio de descontento. Los niños pequeños saben cuándo algo va mal y pueden avisar, pero no debes dejarle solo llorando ni debe estar desatendido. Tu tarea es enseñarle cómo calmarse, cómo puede ponerse en contacto contigo y cómo mantener ese contacto. Las principales herramientas de las que dispones son el contacto físico, las horas de las comidas, los cuidados corporales, las canciones y cuentos al acostarle. El contacto físico es importantísimo para el desarrollo de los niños más pequeños.

DE 1 A 3 AÑOS
No hay que tomarse las rabietas como algo personal, forman parte de su desarrollo

Cuando dices «no» y el niño no obedece, estás asistiendo a un hecho generalizado. Cuando vas con el tiempo justo por la mañana y el niño tiene una rabieta en el recibidor en el momento de salir hacia la guardería, toma nota: todos los padres de niños de esa edad pasan por tu misma experiencia. No es que tu niño sea especialmente intransigente, difícil o maleducado; sencillamente esta fase es así. Respira hondo, entiende que para él resulta formidable poder tener por fin voluntad propia y que tu hijo no por eso deja de necesitar ayuda y orientación para seguir adelante. Las estadísticas muestran que se pega a los niños de menos de cuatro años con más frecuencia que a los de otras edades. Son pequeños, obstinados, y los padres se sienten fácilmente desafiados e impotentes. Para resistir el impulso de pegarle, debes saber que cuanto menos brusco seas, cuanta menos violencia emplees, antes dejará el niño atrás esas reacciones tan egoístas y poco sociables. Si muestras al niño su pertenencia, que estáis juntos en esto, aumentará su seguridad y disminuirá su cabezonería.

DE 3 A 5 AÑOS
¡Suficiente alimento y sueño!

«Nunca juzgues a un niño de cinco años hambriento», me he dicho a mí misma muchas veces. A esa edad, las rutinas son extremadamente importantes. Muchos niños siguen necesitando ayuda para encontrar la calma por la noche y funcionan mal debido a la falta de sueño. Recuerda que debes acostarlos con tiempo, sobre las 20:00 horas, y asegúrate de tener bien organizadas las comidas. Pasan tantas cosas interesantes en el mundo exterior que es fácil retrasarse con las comidas o irse de la mesa antes de tiempo. Tus principales herramientas como padre son las rutinas y la comunicación. Habla con tu hijo, descubre todas las cosas emocionantes que ocurren ahora que el lenguaje ya está bien establecido y se valoran aspectos como la fantasía y las ganas de descubrir el mundo.

DE 6 A 8 AÑOS
La adolescencia de la infancia

Las obligaciones escolares llegan de golpe, los niños de seis años pasan por una transformación tremenda. Carreras para las piernas y sentimientos vividos de un modo más intenso. Es una etapa en la que quizás se muestren inconstantes y olvidadizos: pueden empezar a vestirse y, acto seguido, olvidar todo el proyecto y andar por casa con una pernera del pantalón puesta y la otra colgando. Es una especie de pequeño adelanto de lo que será la adolescencia. Todo lo que el niño necesita en esta fase es que entiendas lo difícil que es para él la gestión de sus emociones y que lo ayudes a llegar a la meta cada día. Si eres demasiado estricto, el niño tendrá la sensación de que es incapaz de lograrlo y dejará de intentarlo. Es ahora cuando se forman los esquemas mentales del niño. ¿Será optimista o pesimista? El optimismo llega a través del método de probar y fallar, de ser recibido con comprensión, estímulos y risas compartidas. ¡No hay otro período en el que resulte tan importante buscar la risa compartida como en este!

DE 9 A 12 AÑOS
¡Autonomía!
(Pero el horario y el descanso son importantes)

Poco a poco, los niños caminan hacia la autonomía. Les gusta la idea de ser autosuficientes: ir solos a casa, hacerse la comida... Sí, en general también sueñan con vivir solos. Permítele a tu hijo ponerse a prueba en círculos que se vayan ampliando poco a poco. Es bueno para él coger el autobús solo, ir al supermercado solo, ser capaz de ir valiéndose por sí mismo. A la vez, debes preservar la tribu que es tu familia. Necesita volver a casa y reponer fuerzas compartiendo actividades. Crea un hogar donde el niño pueda estar a gusto, comer y realizar actividades que le hagan sentir que es el lugar al que pertenece. Ahora más que nunca debe sentir que forma parte de algo y que se le acepta como es. Las críticas intensas resultan destructivas en esta franja de edad, porque los niños se pueden sentir excluidos. Precisamente lo que más buscan es la sensación de pertenecer.

DE 13 A 17 AÑOS
No sueltes el hilo, pase lo que pase

La emancipación llega, de una forma u otra, a todas las familias. En la adolescencia se produce una completa reprogramación del cerebro, y este proceso es muy exigente para los jóvenes. Son más olvidadizos, más desordenados y sienten más miedo a no ser lo bastante buenos. Esos sentimientos tan intensos encuentran su vía de escape enfadándose contigo y haciéndote reproches, o en forma de angustia, cansancio y otros desórdenes físicos. Independientemente de si expresan su agresividad hacia el exterior o la interiorizan, necesitan un adulto que esté presente, alguien que intente analizar las cosas con ellos y que tolere que no siempre estén del todo bien. El peor error que un padre puede cometer en esta fase es interrumpir el contacto y claudicar ante su adolescente. Tomar juntos un refresco de vez en cuando, dar un paseo con el perro o mantener una charla en el coche mientras vais de camino a algún sitio son ejemplos de esas pequeñas cosas que demuestran que te importa, que estás allí, y son determinantes para que el adolescente emerja como un veinteañero feliz que siga buscando estar en contacto contigo cuando tú seas mayor.

APRENDER
A CONTROLAR
LOS SENTIMIENTOS
FUERTES

Los niños experimentan, como poco, tantos sentimientos y de tanta intensidad como nosotros los adultos, solo que ellos no han aprendido a manejarlos todavía. Basta con pararse a pensar en cómo oscila un niño de dos años entre el juego y la risa y la más profunda desesperación. Piensa en ti mismo, en los cambios que se producen en tu propia vida, en el pinchazo que sentiste en el pecho la última vez que te enamoraste, o la última vez que alguien te dijo que no sentía lo mismo que tú. Los sentimientos nos acompañan toda la vida. Pueden ser implacables y destructores, o nos pueden llenar de grandeza y orgullo. Manejarlos es tanto una cuestión de práctica como de madurez, y los niños no han desarrollado aún esa capacidad de la forma en que lo han hecho los adultos.

Por eso necesitan entrar en contacto con sus sentimientos, y ayudarles es nuestra misión como padres. Controlar un enfado ardiente, un rechazo doloroso y un amor profundo son grandes misiones en la vida. Y llevan tiempo.

Las personas dedican, en el mejor de los casos, sus dos primeros decenios a aprender a manejar las emociones. Tu tarea es mostrarle a tu hijo el camino. Para ello es importante que entiendas de qué es capaz y de qué no. Te voy a enseñar cuánto puedes ganar si sales al encuentro de los sentimientos y aprendes a ver qué hay detrás de las acciones del niño, cuál es su origen realmente.

Esto es determinante para su desarrollo, para la vida que van a llevar. Tanto a los niños como a los adultos que son capaces de entender y expresar lo que sienten les irá mejor en la vida: los entenderán mejor y gustarán más a los demás.

El cerebro tiene dos plantas

Diez dedos en las manos, diez dedos en los pies, todas esas uñas minúsculas. Cuando mi primogénito vino al mundo, me quedé asombrada por lo bien acabado que estaba: era perfecto. Tal vez había imaginado que los niños eran como un mueble de Ikea que había que montar, que las cosas encajaban después de varios intentos. Pero los niños enseguida parecen pequeños seres humanos listos para salir al mundo, completamente terminados. Pues no lo están.

A pesar de que el cerebro humano está muy desarrollado y tiene unas capacidades fantásticas, en los primeros años de vida se encuentra muy poco evolucionado, incluso en comparación con otros animales.

El desarrollo del cerebro depende por completo de la seguridad del entorno en el que uno se desenvuelva de pequeño Los niños que encuentran consuelo y seguridad en los adultos desarrollan cerebros que regulan los sentimientos intensos mejor que otros.

Cuando hablo con algunos padres, suelo utilizar una imagen concreta para explicarlo: imagina que el cerebro con el que nacemos es una casa de dos plantas. Desde fuera, todo parece idílico: si entras por la puerta, la planta baja está completamente renovada y lista, la cocina limpia, moderna. Sí, esa es la idea, a la planta baja puedes mudarte cuando quieras, y simboliza nuestras funciones básicas: el corazón que late por sí mismo, la respiración constante, todos los sentimientos más primarios (el miedo, la alegría, los reflejos). En ella tienes todo lo que necesitas para vivir, pero en el primer piso está todo lo que necesitas para vivir bien. Ahí arriba está nuestra capacidad para reflexionar y planificar, para comprender las consecuencias de nuestros actos, para pensar con principios morales y para entender y manejar los sentimientos que nos asaltan. En el caso de la mayoría de los adultos, esa planta también está limpia y ordenada, pero para los niños pequeños es como si no existiera una escalera que las comunicara. Falta parte de la barandilla, faltan algunos peldaños, es prácticamente imposible subir. Además, allí impera el caos, las paredes están sin pintar, las tuberías gotean, faltan muebles y está a medio empapelar. Conseguir que el primer piso sea habitable es un proceso largo; lleva tiempo lograr un cerebro adulto con una escalera que comunique las dos plantas.

Es fácil olvidar la gran diferencia entre el cerebro de un niño y el de un adulto. Los cerebros de los niños y los jóvenes están en proceso de desarrollo. Tienen un aluvión de intensos sentimientos, pero todavía no son capaces de manejarlos, no tienen forma de subir al primer piso con facilidad. Por ejemplo, si le pedimos a un niño pequeño que piense en las consecuencias de algo, seguramente le estaremos demandando demasiado. No podemos pedirle a un niño que vaya a su cuarto a reflexionar sobre lo que ha hecho mal y esperar que luego regrese y diga: «Perdón, ha sido sin querer». A los niños se les da mal reflexionar y planificar, entender por qué hacen lo que hacen, porque todo eso se encuentra en el primer piso del cerebro. Les costará llegar allí arriba, es así como estamos hechos. Y esa es una de las principales razones por las que los niños necesitan crecer.

El mayor error que cometen los adultos es tratar esto como un problema moral: «Me está poniendo a prueba», podemos pensar, o «Lo hace solo para molestar». Por ejemplo, si se acerca a las persianas y tira de ellas una y otra vez, no es para provocar una reacción en ti, sino porque las persianas le parecen interesantes y provocan un ruido divertido. Exactamente igual que el chisporroteo del fuego en la chimenea, una botella de vino que brilla o la reluciente pantalla de un televisor. Si intentas corregir a un niño pequeño regañándole o agarrándole con brusquedad, el niño aprenderá una sola cosa: que tú das miedo, no las persianas.

No puedes exigirle que espabile o se controle, porque sencillamente es incapaz. Poco a poco desarrollará la capacidad de comprender, de ser previsor, de verse a sí mismo desde fuera. El gran salto se produce entre los seis y los siete años, y a partir de ese momento el desarrollo es rápido. Hasta entonces, debemos ayudarle. Te observará, aprenderá de tu comportamiento y poco a poco construirá su propia escalera y amueblará el primer piso. Pero eso lleva tiempo, nuestros cerebros no se han desarrollado del todo hasta que mediamos la veintena.

Los sentimientos cuentan

Hace un tiempo, un niño de diez años llamado Lukas vino a mi consulta. Era uno de esos niños con los que te encariñas en cuanto los ves: grandes ojos muy abiertos, una sonrisa prudente que no prodigaba, pero que le hacía mirar al suelo cada vez que aparecía. Fue el colegio, junto con sus padres, quien se ocupó de que un día subiera por mis escaleras. Lukas sufría una ira tremenda que con frecuencia manifestaba en el colegio, con profesores y compañeros. Eso hacía que no fuera muy popular, y además un poco temido. Controlar las fuerzas más intensas es, muchas veces, como ya hemos visto, lo último que conseguimos encajar, y los niños de diez años como Lukas no son del todo conscientes de las consecuencias de sus actos; se comportan peor de lo que habían pensado y son más hirientes de lo que pretendían. A menudo recurren a los sentimientos porque son incapaces de manifestarse de otro modo. Lukas no era capaz de decir: «Estoy muy enfadado porque me parece que nadie me ve y en casa todo es un caos». Enfadarse durante largos períodos de tiempo era la única manera que tenía de explicar que las cosas no funcionaban.

Es fácil decir que los niños solo estropean las cosas y causan problemas con su ira, pero la realidad es que se comunican como pueden. Los niños reaccionan, y somos nosotros, los adultos que estamos a su alrededor, los responsables de averiguar cuál es la explicación para cada una de esas reacciones. En ese caso, el enfado tiene un valor, de él sale algo bueno.

Pienso que, en ocasiones, esperamos demasiado de los niños. Rara vez serán capaces de decir: «Me he sentido un poco desconcertado últimamente porque no tengo con quién jugar» o «En casa las cosas no van bien ahora que mamá y papá se están divorciando, y me siento tan pequeño e indefenso que me enfurezco».

Los niños hacen cosas que preferiríamos que no hicieran: molestan a otros niños, cuelgan cosas en la red sobre los demás, estropean sus libros, olvidan cosas... Se portan mal. Pero, si únicamente vemos lo que hacen mal, y no cuál es el origen de sus acciones, estamos fallándoles. Los sentimientos están ahí por algo, intentan comunicar. Es nuestra tarea intentar escuchar lo que dicen.

Trabajo de detective

¿Cómo puedes escuchar con atención y descifrar qué se esconde detrás de acciones o sentimientos intensos que no comprendes? Es una gran pregunta, pero te daré una respuesta: ¡sé curioso! Cuando surjan situaciones complicadas, con sentimientos desbordantes, puedes intentar ser un poco detective: mirar más allá de lo triste, lo sorprendente o lo desconocido e ir al encuentro de los sentimientos del niño con calma. Pregunta: ¿qué está pasando?

El objetivo es que, con el tiempo, puedas ayudar al niño a entrar en contacto con sus propios sentimientos. Él necesita reconocerlos y entenderlos, aprender a verbalizarlos. Algunos niños nacen con una capacidad fantástica para exteriorizarlos, y otros parecen haber venido al mundo como almejas. Pero todos necesitamos expresar cómo nos sentimos por dentro, nos ayuda a desarrollarnos y nos une a los demás. Por eso todos los niños precisan en su vida algún adulto que sea claro y que pueda expresar con palabras los sentimientos que experimentan.

Cada padre o madre es tan distinto como los propios niños: a algunos les resulta fácil hablar de cualquier cosa, mientras que otros apenas comparten cómo se sienten. Y tampoco hace falta gran cosa. De hecho, charlar del mar y de los peces es importante, no tiene por qué ser difícil. Piensa en cómo ha sido tu día y resúmelo en pocas palabras. El niño seguramente responda de una forma escueta si le preguntas eso mismo: «vale», «bien» o «mal». Todas son buenas respuestas. Que lo diga y que su respuesta sea aceptada ayuda a que se sienta un poco mejor consigo mismo.

Cuando se haya acostumbrado a que le hagas esa pregunta y a responderla, continúa indagando: «¿Ah sí? ¡Cuenta!», puedes decir, y a lo mejor obtienes dos frases más. Se trata de ir pescando las palabras, no de exprimirlas. Puede que esto parezca banal, pero es buena idea, porque acostumbra al niño a detenerse, analizar qué siente y expresarse. Utiliza la información que tengas: tal vez haya dado un paseo, hecho un examen o tenido un entrenamiento de balonmano. Normalmente es más fácil preguntar si tenemos información de la que partir. Y, cuando hagáis cosas juntos, también puedes hablar de ello, aunque se trate de algo que ya habéis hecho miles de veces con anterioridad: «¿Vas a ponerte los zapatos?», «Sí, ven aquí y te ayudo», «Así, y ahora ponemos este velcro aquí, y este...». No te limites a hacer las cosas, habla de ellas. Ensaya cómo iniciar la conversación; los niños no han aprendido a transmitir, necesitan ayuda para empezar.

Este tipo de labor detectivesca es poner el amor en práctica.

No hay sentimientos peligrosos

Este verano estuve paseando por una antigua zona obrera de Oslo con muy pocas chimeneas de fábricas en activo, parece que hayan abierto cafés por todas partes. En una pista de césped artificial se celebraba un torneo de fútbol entre los equipos de los colegios de la ciudad. No tenía prisa y me detuve un rato. Era evidente que se trataba de un partido emocionante, muy igualado, y mandaron al banquillo a uno de los jugadores después de que el árbitro lo abroncara. El chico, que tendría unos doce años, pasó de la furia a la desesperación mientras iba camino de la banda, y no fue capaz de evitar que se le saltaran las lágrimas. «¡No llores! ¡Deja de llorar ahora mismo!», le ordenó el entrenador. Pero cuantas más órdenes le daba, más le costaba al chico controlar sus sentimientos. Al final, se alejó del resto para llorar a solas.

Los adultos podemos llegar a tener muy poco tacto. No hay nada que produzca más presión sobre los lagrimales que la instrucción de que no lloremos, y no sirve de nada despreciar los sentimientos de los niños, porque destruyes en lugar de construir. Aun así, lo hacemos con frecuencia.

NO OLVIDES QUE LA COMPRENSIÓN LINGÜÍSTICA DE LOS NIÑOS SUELE SER MAYOR DE LO QUE LOS ADULTOS SUPONEN. DURANTE MUCHO TIEMPO, ENTIENDEN MÁS DE LO QUE ELLOS MISMOS SON CAPACES DE EXPRESAR. ESTO NO IMPIDE QUE LOS PADRES HABLEN DE SUS HIJOS CON OTROS ADULTOS EN SU PRESENCIA. EL LENGUAJE SE DESARROLLA A UN RITMO VERTIGINOSO, Y LOS NIÑOS ENTIENDEN MÁS DE LO QUE CREEMOS.

Considero que los pensamientos son indicadores. La ira, la tristeza o la frustración, algunos de los más intensos, forman parte consustancial de nosotros mismos. Nunca debes tener miedo de tus sentimientos, y te puedo asegurar que prohibirlos jamás es la solución. Para los niños, sus sentimientos son importantes, y necesitan saber que hay lugar para todos ellos, porque de esa manera aprenderán antes a manejar por sí mismos aquellos que son más intensos y difíciles.

El entrenador podría haber dicho: «¿Te resulta duro abandonar el partido ahora?», acompañarlo de un gesto de asentimiento como repuesta y añadir: «Lo entiendo, luego lo hablamos, pero mientras

No le digas al niño lo que debería sentir. Escucha e intenta comprender lo que de verdad siente. Ayúdale a encontrar la manera de resolverlo. Si no, se acostumbrará a dudar de sus propios sentimientos.

tanto ve a sentarte en el banquillo». Así, el chico habría conservado su dignidad, el entrenador preservaría el contacto con su jugador y habría más probabilidades de que jugara bien en la siguiente ocasión.

Los padres se han acostumbrado a decir cosas como: «Ya eres demasiado mayor para lloriquear así», «¿De verdad quieres comportarte así delante de la gente?» o «¡No seas crío!». Aunque todas ellas sean expresiones que tenemos muy por mano, son formas de prohibir que el niño exprese sus sentimientos, y desgastan el vínculo que hay entre vosotros.

A veces resulta complicado encontrar las palabras apropiadas, pero es bueno tener presente esta manera de actuar, porque se trata de situaciones que surgen constantemente. Sé bien lo fácil que resulta intentar ignorar los sentimientos del niño. Si uno de mis hijos se da un golpe, es cómodo decir: «No ha sido nada. ¡Arriba!», pero puede que de verdad le duela. Si el niño está abrumado por un sentimiento, debes reconocerlo y mostrarle el camino que debe seguir: «¿Te has caído y te has dado un golpe?», «Ay, eso te ha podido doler», «¿Quieres intentar levantarte?», «¡Bien! ¿Te gustaría seguir jugando?».

De esa forma se establece una especie de relación entre lo que el niño siente en su interior y lo que ocurre fuera. Además, aprende a verbalizar lo que de verdad está ocurriendo y descubre que existe una solución. Eso es siempre mejor que reprimir lo que siente.

Si los padres, de alguna manera, les dan a entender a sus hijos que sus sentimientos no son normales, estos empezarán a creer que tienen un problema y les costará confiar en ellos mismos. Eso les dificultará el control de sus propios sentimientos y la resolución de los problemas que surjan. Si perciben que son castigados por contar cómo están, comunicar lo que llevan en su interior, su punto de partida será peor que el de los niños que viven lo contrario: reducirás su autoestima y la seguridad que necesitarán durante el resto de su vida.

Comprender los sentimientos

Ayudar a los niños a entender sus sentimientos implica dos fases. La primera es conectar con el sentimiento del niño y mostrar comprensión, por ejemplo, verbalizando sus vivencias. También supone una cierta labor detectivesca, y si das con los sentimientos adecuados, verás cuánto aprecia el niño el hecho de que lo entiendan y le expliquen las cosas.

«¿Estás enfadado porque no te salen los trucos con el balón? Lo entiendo muy bien, se tarda muchísimo en aprender, hay gente que practica más de cien horas; pero, si sigues intentándolo, lo acabarás consiguiendo». O: «¿Estás disgustado porque no quieren jugar contigo

NUESTRO CEREBRO CRECE Y APRENDE MEJOR CUANDO TIENE TIEMPO Y ESPACIO PARA ELLO, NO EN LOS MOMENTOS DE CRISIS Y CONFLICTOS.

ahora? Ya lo veo, y no tiene gracia, pero ¿quieres que busquemos otros niños con los que jugar?».

Cuando reconoces de este modo lo que el niño está sintiendo, le preparas para salir al mundo, para sentimientos nuevos y más intensos. Independientemente de que nos resulte cómodo o no hablar de algo, el niño siempre saldrá ganando si nos atrevemos a recibir la expresión de sus sentimientos con calma, tranquilidad y comprensión.

Mi hijo pequeño es uno de esos que pueden llegar a enfadarse muchísimo cuando las cosas no salen como él quiere. Una vez, estando sentado a la mesa de la cocina, tuvo un ataque de ira porque no era capaz de dibujar corazones. «Vaya, te encantaría poder dibujar un corazón, pero ¿todavía no te sale?», dije yo. Él asintió. «La mayoría de la gente tiene que dibujarlo ochocientas veces para que le salga», le dije eligiendo una cifra elevada cualquiera. Él siguió dibujando en silencio hasta que el corazón salió bien. La frustración es una mezcla de dos sentimientos: el deseo de tener éxito y la pena de no lograrlo inmediatamente. Como adulto, puedes reconocer y confirmar las dos cosas.

Este primer paso es importante, pero insuficiente por sí solo. Mostrar comprensión por el sentimiento sin salir de él no ayuda.

Hay quien se empeña en hablar a los niños como si fueran adultos, pero los niños son niños, y hay que tratarlos como tales. Otros prolongan demasiado y sin ninguna necesidad la «infantilización» del niño, mimándolo y hablándole como si todavía fuera un bebé. La solución se encuentra en un punto intermedio, debes adaptar tu lenguaje al desarrollo del niño.

Al contrario, estás estancando al niño. Después de comprender y refrendar ese sentimiento, debes dar el paso siguiente: ayudar al niño a seguir su camino. Si el niño está triste porque alguien ha desordenado su estuche de lápices, entiende que esté enfadado (no es de extrañar); pero luego debes ayudarlo a que dé un paso más, contribuir a que lo arregle, apartarlo de la idea de vengarse y ayudarle a dominar la situación. «No me extraña que te hayas enfadado. Vamos a tu cuarto a buscar otros lápices para que puedas llenar tu estuche.» Después, puedes proseguir la conversación partiendo de ese punto, dependiendo de la edad del niño. Podéis hablar sobre lo importante que es portarse bien los unos con los otros, sobre los errores y la capacidad de perdonar o sobre qué es ser un buen amigo.

Los niños necesitan, exactamente igual que nosotros, que les recuerden que la vida sigue.

Los padres son responsables de que los niños tengan la posibilidad de expresar sus sentimientos, enseñándoles cómo debe hacerse y permitiendo que en casa se puedan manifestar con libertad. Los sentimientos que se expresan y se entienden dan forma a una buena comunicación; los sentimientos que hierven bajo la superficie o son malinterpretados crean reacciones de estrés físico.

Los niños necesitan conflictos

A los niños les conviene experimentar conflictos, ver que la vida tiene altos y bajos. Es lógico que a los padres les nazca intentar protegerlos de todo lo que resulta doloroso, pero no es una buena idea. La vida está repleta de conflictos y malentendidos desde que somos pequeños. A veces duele, pero los niños necesitan prepararse para la vida tal y como es, con sus éxitos y fracasos.

Claro que duele que no te inviten a un cumpleaños o que quien mejor te cae de clase no te haga caso, pero ocurrirá. Por eso debes considerar los conflictos y las experiencias un poco tristes como algo positivo: es una ocasión excelente para buscar soluciones, y si hay algo que a los niños les venga bien es desarrollar la habilidad de resolver conflictos. Seguro que les hará falta el resto de su vida.

Si ocurre lo contrario, si los conflictos son recibidos con críticas o regañinas, el niño no estará preparado para hacer frente a la adversidad. O si tú, como adulto, resuelves el conflicto por él (por ejemplo, llamando a los padres de otros niños y ejerciendo de abogado defensor de tu hijo en determinadas situaciones), no aprenderá a manejarse por sí mismo. Pero, si le muestras que las cosas irán bien aunque de vez en cuando surjan obstáculos en la vida, le estarás transmitiendo un conocimiento valioso. Así, tu niño aprenderá algo sobre lo que significa ser persona.

Salir al encuentro de los sentimientos de tu hijo con tranquilidad, paciencia y amplitud de miras es lo mejor que puedes hacer. Los niños que aprenden a verbalizar lo que ocurre y son capaces de seguir su camino tras una situación difícil serán más autónomos. Aprenden a entender sus propios sentimientos, pueden preguntarse de dónde proceden, qué deberían hacer con ellos, si son correctos; de esa forma, los sentimientos se convierten en buenas guías, no en verdades absolutas. Con los niños que aprenden a reconocer sus propios sentimientos podremos hablar e indicarles el camino que deben seguir. Funcionarán mejor en compañía de otros allí afuera, en el mundo real, tendrán más autoestima, serán personas más seguras y regularán mejor los sentimientos con los que se irán encontrando. Los niños que no aprendan esto se cerrarán.

Enseñarles a manejar los sentimientos es, sin duda alguna, un regalo para toda la vida.

CÓMO CONSOLAR

Seguro que, si coges un avión y hay turbulencias durante el vuelo, estarás deseando que un auxiliar te explique con calma lo que está ocurriendo, que te proporcione la comprensión y el ánimo que necesitas para sentirte un poco mejor. En muchos aspectos, nosotros somos «auxiliares de vuelo» en el universo de nuestros hijos. Los niños no nacen con la capacidad de calmarse, la van trabajando poco a poco. Cuando atraviesan dificultades, necesitan al adulto para entender qué es lo que está pasando y seguir avanzando.

Si oyen un ruido que les atemoriza, observarán cómo reaccionan los mayores.

Los niños no pueden estar siempre bien, se encontrarán ante situaciones conflictivas o que les asusten. Pero, a su vez, necesitan seguridad y consejo para superar todas estas experiencias. Eso les ayudará a crecer, a darse cuenta de que son capaces de salir adelante y que las cosas salen bien. Conservar la calma, ofrecer comprensión, explicaciones y consuelo es uno de los cometidos más importantes de los padres durante toda la infancia.

DE 0 A 1 AÑO
Consolar y calmar

Puede parecer misión imposible cuando tu bebé llora sin parar. ¿Qué va mal? ¿Qué debo hacer? El bebé no puede darte ninguna pista, tendrás que obtener la respuesta a base de probar y fallar.

Lo primero que debes saber es que el niño utiliza diferentes llantos para cada situación. Esa es la única herramienta de la que dispone para avisarte de que te necesita, que precisa ayuda. Un bebé nunca llora porque sí o porque sea un niño difícil, sino porque hay algo que no consigue por sí mismo: puede tener hambre o sueño, necesitar un cambio de pañal, una caricia o tu cercanía. Ante todo, muéstrale al bebé que estás presente, acércalo a ti y acúnalo mientras piensas qué es lo que puede estar pidiendo. La cercanía es fundamental. Los bebés que lloran deben recibir consuelo, la proximidad es determinante para que estén bien. Otra forma de apaciguar al bebé está en la voz. Los padres han canturreado desde el principio de los tiempos, sencillamente porque funciona. Si tienes la sensación de que estás demasiado agotado para consolar, debes saber que no eres el primero que se encuentra en esa situación. Busca ayuda para poder descansar. Habla con tu familia o amigos, o comunícalo en tu centro de salud.

DE 1 A 2 AÑOS
Sé un puerto seguro

Para el niño supone un auténtico subidón poder expresarse por fin con palabras y disponer de un lenguaje, pero en este punto también surgen nuevas posibilidades de conflictos, desengaños y malentendidos. Puede resultar bastante frustrante que el niño intente hacer casi todas las cosas que preferirías que no hiciera, siempre vaya sobrado de tiempo y a veces será difícil que el consuelo surta efecto. Se trata de identificar cómo es tu hijo y en qué fase se encuentra, porque los cambios se suceden. ¿Necesita que primero mantengas un poco la distancia y ya luego te acerques a consolarlo?

¿O quiere que te acerques a él y le rodees con tus brazos para tranquilizarle? Lo más importante para este grupo de edad es recordar que, aunque todavía no sean capaces de expresar con palabras qué sienten o piensan, sus sentimientos siempre se producen por algún motivo. No interrumpas el contacto con un niño de uno o dos años que esté muy alterado. Dale a entender que estás ahí y que siempre puede recurrir a ti. Mantente cerca y muéstrate tranquilo, por fuerte que sea la tormenta a la que se sienta expuesto. De ese modo sentarás las bases de su confianza en ti.

DE 3 A 5 AÑOS
Comprender y abrir camino

Cuando el niño de cuatro años pone los brazos en jarra y dice: «¡Esto es lo peor que me ha ocurrido nunca!», puede que tenga razón. La falta de experiencia provoca que los sentimientos se magnifiquen aún más. Si esto sucede, muestra interés, pregúntale qué ha pasado. Confirma lo que ves y ayuda al niño a comprender que los sentimientos no se ajustan a la realidad. Aunque se enfade, puede que reaccionar pegando, rompiendo o tirando cosas no sea correcto. Los sentimientos no te autorizan para hacer cualquier cosa, pero sí te indican que ahora mismo las cosas son difíciles. Debes ayudar al niño a seguir su camino de manera concisa y fácil: «De acuerdo, entiendo, te has enfadado mucho», «Sí, a veces es así», «Ahora nos iremos a comer». El niño necesita ayuda para dar las situaciones por concluidas y continuar. Al entender lo que el niño siente, le ayudarás a distinguir. Pero no debes sumarte a los sentimientos del niño y pasar a formar parte de ellos, sino mostrarle la salida.

DE 6 A 9 AÑOS
Accesible y seguro

Cuanto mayores se hacen los niños, más difíciles son las situaciones a las que tienen que hacer frente, tanto con sus amigos como en el aprendizaje. Con el colegio llegan los deberes, elegir con quién estar después de clase, realizar actividades extraescolares que pueden suponer un reto y la activación de preguntas como si uno es lo suficientemente bueno. Es fácil olvidar que los niños de esta edad siguen necesitando comprensión y consuelo. Si están tristes y cansados porque no saben hacer los deberes, necesitan comprensión y ayuda, no regañinas ni juicios. En esta franja de edad debes ir un poco por detrás del niño, ayudarle cuando lo precise, no relativizar todas sus dificultades. Para la futura vida del niño es importante aprender a encarar la frustración, las dificultades, las diferencias de opinión e incluso las enemistades.

Pero necesita que estés ahí, explicándole, comprendiéndole y ayudándole a seguir adelante. Habla con tu hijo de las pequeñas cosas para saber qué está pasando. Y reserva tiempo para conversar; los adultos callados aportan poco.

DE 10 A 13 AÑOS
Ver qué ocurre

Los niños de diez años sueñan con ser autónomos; de hecho, eso es lo que buscan, y sus fantasías no suelen incluir a ningún adulto. Pero no por eso dejan de necesitar consejo, orientación y consuelo cuando se acercan a la adolescencia, porque en su vida ocurren muchas cosas nuevas. Tu principal reto es mantener una actitud que te permita consolar a tu hijo. Si lo atosigas, sentirá que se ahoga; si te mantienes completamente alejado, se sentirá abandonado. Asegúrate de estar a solas con el niño de vez en cuando, por ejemplo, antes de irse a dormir, cuando lo acompañes al colegio o en un pequeño ritual de fin de semana, como tomar un chocolate. Debes estar presente: escucha cómo es su vida, demuestra que te interesa. Así será más fácil enterarte de si tiene alguna preocupación y poder ayudarle.

Muchos padres pierden el contacto con sus hijos cuando llegan a estas edades porque se las arreglan muy bien solos. No te dejes engañar, mantente cerca y ten claro que le haces falta. El contacto físico, pasar la mano por la espalda o sencillamente estar cerca, también es fundamental, pero para muchos niños es importante que no haya testigos. Debes estar alerta ante las señales que te envía y evitar situaciones en las que le hagas pasar vergüenza.

DE 13 A 17 AÑOS
Aceptar y resultar útil

Los adolescentes sufren una tormenta hormonal.

Los cambios bruscos son frecuentes y necesarios. En estos momentos debes mantener el vínculo: asegúrate de que siempre exista un canal de contacto entre vosotros y no permitas que os destruyan los conflictos. Demuestra que puedes ser útil. A estas edades olvidan muchas cosas y con frecuencia necesitan ayuda para organizar el día a día. No te hagas cargo de todo, pero demuéstrale a tu hijo que contribuyes. Si aceptas a tu adolescente tal y como es en esta fase, serás para él un gran consuelo. Puede que dejes de ver algunos de los aspectos positivos y la independencia que habías vislumbrado, pero volverán a hacer su aparición gradualmente a partir de los dieciséis años. No olvides que también los adolescentes necesitan sentirse aceptados y mantener el contacto con un adulto seguro; desean recibir consuelo en los momentos difíciles.

SUEÑO.
EL RITMO DE LA VIDA

«¿Por qué no duerme?», «Es imposible acostarlo», «Lo hemos probado todo». Da igual si tu hijo es pequeño o mayor, las horas de sueño siempre son motivo de preocupación en una familia. Con frecuencia, los adolescentes se acuestan demasiado tarde y no duermen lo suficiente, mientras que los niños pequeños suelen despertarse muy temprano o tienen problemas para conciliar el sueño.

Es importante tener presente que el sueño de los niños, al igual que el de los adultos, está conectado al resto de la vida. Al igual que nos ocurre a nosotros, puede que duerman peor si están ocurriendo muchas cosas. Puede que estén aprendiendo a hablar o a caminar, puede que mañana tengan examen de francés o algún problema en su pandilla de amigos. Los niños que están muy intranquilos duermen mal.

Para los niños y los jóvenes es imprescindible el descanso, por eso debes dar importancia al sueño en tu unidad familiar. Ayuda al niño en este aspecto (da igual la edad que tenga o la

fase en la que se encuentre).
Lo que hagas dependerá,
lógicamente, de la edad del
niño; pero nunca creas que no
duerme lo suficiente o que
tiene problemas para conciliar
el sueño para castigarte, lo
hace porque el sueño le resulta
tan fundamental y tan difícil
como lo es para ti.

Cada vez que alguien lanza
un método genial para
conseguir que los niños
duerman, pienso en las dietas
milagro de internet. Es casi
igual de complicado, no hay
una solución que valga para
todos ni se trata de un par de
sencillos trucos. Pero a veces
uno da en la diana, lo que
hacemos funciona y es fácil
creer que por fin hemos dado
con la fórmula, hasta que
llega a casa otro niño
completamente diferente que
necesita otra solución también
diferente.

Así que intenta dar con los
trucos que funcionen para tu
hijo, pero no olvides que el
sueño depende mucho del
ritmo de la familia, del ritmo
de su vida y de la ayuda que
reciba en cada etapa.

MIS MEJORES CONSEJOS
PARA DORMIR
(para los más pequeños)

★ Pásalo bien antes de irte a dormir, la noche debe ser agradable. Si ya estás preocupado por cómo será el momento de irse a la cama y lo tienes en mente toda la tarde, seguro que algo saldrá mal.

★ Acuesta a tu hijo temprano. Los niños son imposibles de acostar si están demasiado cansados, y eso vale tanto para pequeños como para adolescentes.

★ Crea ritos. La misma canción, leer un capítulo de un libro, el mismo abrazo, la misma charla con los osos de peluche o lo que sea. En cualquier caso, intenta que sea breve, no establezcas unos ritos demasiado prolongados que te agoten.

★ Si el niño es mayor para eso y lo crees acertado, sal cuando hayas terminado. Con muchos funcionará a partir de los dos años, mientras que otros precisarán que te quedes con ellos hasta que se duerman incluso en los primeros años de colegio.

★ Acude cuando tu hijo llore y consuélalo. Puedes esperar un par de minutos, pero no dejes que llore durante mucho rato, porque será más difícil tranquilizarlo.

★ Avisa al salir de la habitación, pero también dile que estarás pendiente por si te necesita. Que vea que estás cerca. Vuelve a entrar las veces que hagan falta.

★ ¡Turnaos! Deben acostar al niño tanto el padre como la madre. Si estás solo o sola, intenta que alguien te sustituya de vez en cuando, si es posible.

★ El dormitorio debe estar a una temperatura agradable y el niño debe percibirlo como un lugar seguro. Si dormís en la misma cama y hace falta más espacio, cámbiala por una más grande.

★ ¡No desesperes! Lleva tiempo encontrar la calma por las noches, pero poco a poco se consigue: todos los niños acaban durmiendo del tirón y en su propia cama.

DEJAR AL NIÑO
LIBERTAD

Por lo general, los niños de hoy en día viven mejor que en cualquier tiempo pasado, salvo por una excepción: nunca están solos.

La generación de padres actual tal vez sea la más hiperorganizada de la historia. El tiempo libre de los niños está permanentemente sistematizado y siempre bajo la batuta de un adulto: entrenamientos de fútbol, clases de teatro, ballet, música, gimnasia rítmica... Todo ello bajo la atenta mirada de un monitor y con los padres como espectadores o aguardando cerca. Esta es la idea de libertad que tienen los adultos: pagar por unas actividades y seguir sobrevolando a los niños mientras supuestamente se están desarrollando en libertad. Con frecuencia me pregunto por qué insistimos en hacerlo así. Tal vez sea porque pensamos que eso es lo que hacen los buenos padres, que debemos ser de esos progenitores que están siempre pendientes.

Creo que, en su fuero interno, la mayoría sabe que hay algo que no termina de encajar. Los niños no necesitan tener nuestra mirada clavada en la espalda constantemente, necesitan jugar libremente.

> Permíteles a los niños jugar por su cuenta. Si los mayores dirigen en exceso, los niños no pueden conseguir la experiencia que de verdad necesitan. Están programados por naturaleza para adquirir muchos de los conocimientos que necesitan a través del juego.

Los adultos deben estar cerca para guiarlos si surge algún conflicto o el juego se acaba, pero después deben retirarse y dejarles su espacio.

Los padres y las madres no necesitan correr de arriba abajo por la banda para animar a sus hijos en los entrenamientos y los partidos. No hay que facilitárselo todo, es mejor dejar que hagan cosas por su cuenta para que al volver a casa tengan algo que contar.

Puede sonar extraño, pero te garantizo que es un recordatorio valioso que debes llevar contigo: si los padres controlan demasiado el día a día de sus hijos, estos perderán la confianza en sí mismos, dejarán de pensar que tienen algo que aportar y se ahogarán, a pesar de las buenas intenciones de los padres.

Ser autónomo es un factor importante para confiar en la propia valía.

Los secretos positivos

Los niños necesitan estar solos y tener secretos. Y quiero hacer una defensa de los secretos positivos, cálidos, los que guardas en tu corazón y llevas contigo a lo largo de la vida como si fueran un pequeño amuleto de la suerte que te metes en el bolsillo. Un diario metido debajo de la ropa en el armario, una cabaña de madera oculta en el bosque, un chocolate que en realidad no tienes permiso para comer, un encuentro con alguien muy especial, aunque ya sea la hora de acostarse. Vigilar a nuestros hijos es hoy en día mucho más fácil que antes, a través de los teléfonos móviles, por ejemplo. Los niños cuyos padres quieren saber dónde están en todo momento, les exigen conocer el usuario y la contraseña de sus dispositivos, les acompañan a todas partes o leen sus diarios y perfiles de Facebook se pierden los mejores secretos. No pueden dar un rodeo porque quieran echar un vistazo al jardín de una chica o un chico del que estén enamorados, no pueden elegir otro camino de vuelta a casa porque el macarra del colegio les dé un poco de miedo.

Los que están constantemente bajo vigilancia no pueden hacer esas cosas que les enseñan a manejarse en la vida.

Cuando doy charlas y abordo este asunto, siempre suele haber una madre o un padre que opina que hay que vigilar a los niños también cuando están en internet, que es importante ver qué suben a la red y asegurarse de que no los acose nadie. Creo que los niños necesitan unos padres atentos que se interesen por ellos, pero no me parece razón suficiente para que tengan la contraseña del móvil y el ordenador. Si les quitamos a los niños esos pequeños hogares propios, se quedan sin hogar. Puede que tu hijo de catorce años se esté preguntando si es homosexual, pero no está listo para hablarlo contigo todavía. Puede que tu hija adolescente comparta fotos con sus amigas porque es una manera de conocerse y descubrirse entre ellas, y deben poder hacerlo, no es algo que tú debas impedir.

Ya desde el jardín de infancia es importante que los adultos sean capaces de cuidar de los niños sin vigilarlos. Los niños han que tener libertad a la hora de probar distintas maneras de jugar, distintas maneras de encontrarse, sin que los adultos intervengan de forma inmediata. Vigilar a los niños como carceleros resulta invasivo y, en el peor de los casos, dañino.

Nuestro objetivo es que los niños, con el tiempo, sean capaces de vivir su propia vida, y para eso necesitan ejercitarse. Tú debes ser la mano que poco a poco les deja ir. Deja a los niños en libertad, pero hazlo gradualmente, siguiendo el ritmo de su evolución, con retos que sepas que pueden superar. Así aprenderán y crecerán. Por eso es tan importante dejarlos jugar en libertad.

Explorar nos hace más listos

Es fácil olvidar lo inteligentemente bien que nos ha equipado la naturaleza. Podemos creer que la autoestima llega solo a través de los padres, que es algo que debemos entregar a nuestros hijos; pero los niños

Los niños pequeños necesitan compartir secretos contigo. Así se sienten importantes. Los niños que han empezado el colegio necesitan tener secretos propios con los que disfrutar a solas: estar enamorados, querer ver algo en internet o disfrutar de su propia comida. Son pequeños espacios que deben poder tener en su interior.

NO TE DESANIMES SI APARECEN NUEVAS PREOCUPACIONES, ESO QUIERE DECIR QUE OTRAS VAN A DESAPARECER.

están, en todo su maravilloso ser, provistos de una especie de programa para conseguir lo que necesitan y sentirse seguros. Ocurre con toda naturalidad, y sucede, si se lo permites, a través del juego. Desde que tienen seis o siete meses, ves que quieren subir, avanzar, que les obsesiona la idea de conquistar la cima de una silla o escalar un pequeño escalón; quieren ir un poco más allá, entender cómo funcionan las cosas para poder ponerse de pie y caminar. Así siguen con nuevos juegos, otros códigos que interpretar, y todo esto lo hacen por su cuenta, solos.

No necesitan juguetes educativos ni adultos que les muestren el camino, solo necesitan permiso. Cuando les damos espacio para desarrollarse y a la vez no les cargamos con expectativas sobre los resultados que deben obtener, aprenden lo que necesitan de sí mismos y del mundo que los rodea.

Y ocurre así, sin más.

Supera tu miedo

A mí, por ejemplo, me da muchísimo miedo el agua. Por supuesto que es una ironía del destino que acabara viviendo con un hombre al que le encantan las embarcaciones de madera, el viento agitando el cabello y el sonido de las olas; pero, por mucho que lo intente, nunca he conseguido relajarme cuando los niños están en el agua. Y no es nada beneficioso para mis hijos ver a su madre preocupada constantemente, así que he optado por la única alternativa que tenía: pedirle a mi marido que esté pendiente de ellos, que tenga cuidado con los chalecos salvavidas y la seguridad del barco y permitir que naveguen al libre albedrío. Tengo que dejarlos ir, es mi misión como madre. Cuando están en tierra y saltan de risco en risco, ocurre a la inversa: mi marido es incapaz de mirar y soy yo quien cuida de ellos.

Por supuesto que como padre eres responsable de la seguridad de tu hijo. Se trata sobre todo de ver en qué fase se encuentra el niño y saber qué puede resultar peligroso precisamente en ese estadio. Para un niño pequeño, pueden ser las escaleras o una taza de café caliente; para un niño de cinco años, pueden ser el patinete o los coches; mientras que uno de quince debe aprender a no beber alcohol en exceso o conocer la importancia de utilizar anticonceptivos. Gran parte de nuestra labor relativa a la seguridad del niño consiste en estar pendientes de la fase de desarrollo en la que se encuentra.

Pero, para que un niño aprenda a caminar, tiene que poder caerse. A pesar de todo lo que pueda salir mal, tu hijo necesita aprender a montar en bicicleta. Si como padre te vuelves sobreprotector porque temes que tu hijo se haga daño, estás retrasando su evolución natural. Eso quiere decir que también estás poniendo freno a su seguridad y a su crecimiento social y mental. Los padres aprensivos asfixian el contacto con el niño.

Si lo controlas demasiado, el niño tendrá miedo a cometer errores, a que las cosas no salgan bien. Perderá la fe en sí mismo y tomará una actitud pasiva.

EL DESARROLLO FÍSICO ES IMPORTANTE PARA EL DESARROLLO MENTAL. PARA QUE LOS ESCOLARES PUEDAN ESTAR SENTADOS Y PRESTAR ATENCIÓN, NECESITAN ESCALAR, JUGAR Y EXPLORAR.

Si los niños no tienen el espacio suficiente para crecer y desarrollarse, tampoco buscarán el consejo ni la orientación de sus padres. Sabrán que solo van a recibir severas amonestaciones a cambio, por tanto, no le verán sentido a preguntar. La cercanía y la confianza se pierden cuando los padres son demasiado estrictos y controladores. Puedes imaginar que los niños son como árboles: si los plantas demasiado juntos y a la sombra, no podrán erguirse; si los colocas demasiado lejos de otros árboles, sufrirán el embate del viento y las inclemencias del tiempo. Si un niño de diez años va a aprender a coger el autobús de ida y vuelta al entrenamiento, tiene que coger el autobús él solo, aprender cómo se paga, cuándo debería cambiarse de sitio y cómo pedir ayuda a un adulto si le hiciera falta. Si como padre eres tan asustadizo que no permites que tu hijo coja el autobús, el mundo del niño será muy pequeño, no sentirá que tiene la autonomía que un niño de diez años necesita adquirir.

Ser padre consiste en crecer con tu hijo, ver cuándo está listo para probar cosas nuevas. Y dejarlo ir.

JUEGA HASTA SENTIRTE SEGURO

En todas las culturas y en todos los países, los niños que tienen la misma edad juegan más o menos de la misma manera. Este hecho es un bonito y sencillo recordatorio de lo mucho que nos parecemos las personas, de lo emparentadas que estamos. Además, nos indica que existe un plan según el cual los niños se desarrollan mental y socialmente, un plan que se refleja en sus juegos. En las torres de Hong Kong y en los pueblos de Noruega, se parte del mismo orden y de las mismas ideas: los niños obtienen lo que necesitan a través del juego y, para que ese juego funcione, deben ser ellos quienes lo dirijan. El adulto puede participar, pero ha de ser el niño quien establezca las reglas. Habrá alguna variación de un niño a otro en el momento de pasar a otra fase, pero acelerar las etapas del juego nunca debe ser tu objetivo. Los padres tienen que seguir el ritmo de su hijo y no deben introducir novedades en los juegos antes de que esté listo.

De esa manera, ellos solos aprenderán y serán capaces de escoger lo que necesiten para sentirse seguros, lo que les proporcione autoestima y los equipe para el resto de sus vidas. Si les das permiso.

DE 0 A 2 AÑOS
Juegos de «cucutrás»

Los primeros juegos que llaman la atención de los niños son las distintas variantes del «cucutrás». Hay mucha emoción y fascinación en saber si aparecerás tras la puerta, tras tus manos o debajo de la mesa: «¿De verdad sigues estando ahí?» En cuanto a la autoestima, ese juego refuerza la seguridad de que yo soy una persona, tú eres otra y ¡te gusto! Cuando el contacto se restablece, la risa alborozada y la alegría que el adulto y el niño se provocan mutuamente les proporciona una intensa sensación de ser amados, anhelados y valiosos. Es una emoción increíblemente sencilla y estupenda que proporciona autoafirmación y cercanía. Cuando nos alegramos de ver al niño, de alguna manera estamos diciendo: «Eres bienvenido en este mundo».

Si lo permitimos, estos juegos evolucionan. Podemos dejar que sean parte de nuestro día a día hasta bien entrada la etapa de la guardería, aunque alcanzan su punto álgido justo antes de que el niño empiece a utilizar el lenguaje oral más frecuentemente. En ese momento, se podrá dedicar a juegos más sofisticados. Cuando tu hijo tiene esta edad, debes pasar todos los días un rato tirado en el suelo con él, parlotear un poco y estar pendiente de qué es lo que quiere hacer. Si participas en su juego y le muestras cómo podéis estar juntos, tendrá mayor capacidad para jugar con otros niños más adelante.

DE 2 A 3 AÑOS
Juegos de ayudar

El siguiente paso para desarrollar la autoestima del niño lo damos con aquellos juegos en los que tu hijo puede ser útil. A los niños les encanta ayudar a meter la vajilla en el friegaplatos, recoger líquidos derramados (aunque esta no sea una ayuda muy eficiente) e imitar tareas que desempeñan los adultos, como planchar, pasar la aspiradora o cocinar. De esta forma, se demuestran a ellos mismos que no solo dan trabajo a sus padres, sino que también pueden colaborar. Así, surge una nueva manera de que los padres y los hijos se relacionen, en la que el lenguaje adquiere un papel más importante. Mostramos que todos los miembros de la familia cuentan cuando el adulto, con toda naturalidad, da las gracias y valora los intentos del niño. Aunque te sea más rápido hacerlo todo tú mismo, a tu hijo le dará seguridad contribuir con sus pequeñas aportaciones.

DE 3 A 5 AÑOS
Juegos de interpretación

Poco a poco, el lenguaje y las habilidades sociales mejoran. Ahora es cuando tu hijo entra en una fase en la que es importante jugar a ser otro. Los niños se otorgan roles y escenifican situaciones cada vez más complejas. El más elemental de todos es el juego «mamá-papá-hijos». La virtud de este juego es que da cabida a una gran variedad de participantes, que pueden encontrarse en distintas fases de desarrollo. Es más complejo ser madre que perro o bebé, lo que permite que intervengan tanto niños pequeños como aquellos que son algo mayores. De este modo, todos aprenden a colaborar y darse espacio. Además, su autoestima sale reforzada porque se dan cuenta de que serán capaces de formar parte de la sociedad. Muchos padres acaban agotados de jugar a tomar el té, estar en la guardería o asistir a un concierto, pero sabemos que estos juegos refuerzan la autoestima de tu hijo, ya que le proporcionan una comprensión más profunda de los distintos roles y reafirman su identidad. Gracias a los juegos de interpretación, prueban distintos papeles y se entrenan para su vida futura.

DE 5 A 7 AÑOS
Juegos de fantasía

En la guardería se abre un universo nuevo para los niños de más edad, que se divierten con juegos bastante sofisticados que implican más imaginación: pueden ser superhéroes, aterrizar en la luna con una nave espacial o batallar en la guerra. Lo importante es que estos juegos (con los que se entretienen frecuentemente) les confieren la sensación de que todo es posible. El mundo de la imaginación de tu hijo florece y él desarrolla una nueva forma de independencia. Este es el primer pasito en su camino hacia la autonomía, mediante el cual experimenta que existe un «yo» distinto a todos los demás. A través de estos juegos, los niños refuerzan la sensación de ser únicos y aprenden que el mundo es un lugar fantástico, lleno de grandes posibilidades.

Deja que tu hijo juegue con otros niños a estas edades, pero ayúdale cuando surjan problemas que le cueste solucionar. Uno de los cometidos de los adultos es hablar con los niños para ayudarles a solucionar sus conflictos. Si uno queda excluido con frecuencia, provoca que se juegue a algo en lo que ese niño pueda participar. Si le gusta, por ejemplo, engarzar cuentas, propicia que varios niños lo acompañen, de manera que todos se sientan unidos. ¡Y sigue jugando con el niño! Los adultos que juegan con los niños llegan a conocerlos mejor.

DE 7 A 9 AÑOS
Juego con reglas

Después de pasar por la maravillosa fase de libertad que suponen los juegos de fantasía, la mayor parte de los niños entra en un estadio en el que es importante disponer de reglas, comprenderlas y respetarlas. Los niños quieren tener pautas, pero también pasan mucho tiempo discutiéndolas. En esta fase, queda claro quién asume el liderazgo y decide más que los demás. Tu hijo avanza por la senda de convertirse en un ciudadano que se relaciona con los demás y se mueve en un mundo complejo, en el que las reglas son importantes.

Debemos ayudar al niño a desarrollar una comprensión flexible de estas reglas, que no solo dependen de sus propios deseos y necesidades. Esto es especialmente importante para que tu hijo sea capaz de forjar amistades duraderas y estar a gusto en compañía de otros.

En esta fase, es buena idea que los padres dejen que el niño y sus amigos jueguen solos. Si surge algún desacuerdo, no debes intervenir y tomar partido en cualquier circunstancia por tu hijo: ayúdale a comprender cómo se negocia, cómo se puede entender con los demás, cómo puede dar y tomar. En resumidas cuentas: cómo se convive. En estas edades, los juegos de ordenador tienden a acaparar la atención de los niños, que se divierten enormemente con ellos. Pero debes ayudar a tu hijo para que también juegue a otras cosas, especialmente a las que impliquen actividad física. El escondite, las batallas o el dibujo siguen teniendo éxito si los niños llegan a conocerlos. Deja también que tu hijo desarrolle distintas facetas de su personalidad y descubra así qué le divierte.

DE 9 A 13 AÑOS
Desarrollar amistades cercanas distanciándose de otros

En los años intermedios de la escolarización, la amistad es el tema más importante para los niños. Ellos empiezan a elegir a sus amigos según sus propios intereses, no solo por la compañía. Para ellos, la amistad pasa de ser funcional a ser emocional. Esto puede suponer un desafío para los padres, ya que pierden el control que solían tener sobre las compañías de sus hijos. Con frecuencia, los niños tienden a mostrar cercanía a quienes eligen criticando a otros. En esta fase, la autoestima de tu hijo se forma estableciendo lazos cercanos con los demás. Para no hacerse daño mutuamente, los padres deben orientar a sus hijos de manera prudente y respetuosa. Han de ayudarles para que no sufran acoso, pero a la vez no deben obstaculizar que se desarrollen. También en esta fase los niños necesitan que los adultos estén pendientes de ellos y los guíen.

En este punto, el niño ha asumido parte del control y las estructuras sociales de su entorno son bastante complejas. Si tu hijo queda excluido, llévalo a actividades en las que pueda relacionarse con otros que tengan sus mismas aficiones. A esta edad no se puede obligar a los niños a que jueguen juntos, pero el adulto se puede asegurar de que tengan ocasión de hacerlo y puede facilitar que su hijo descubra qué le gusta hacer y encuentre a otros niños con las mismas preferencias.

A PARTIR DE LOS 13 AÑOS
Secretos y cercanía

Desde este momento, tu hijo no hará amistades criticando a otros niños, sino que las desarrollará compartiendo secretos, información sobre sí mismo y complicidades. De esta forma, sus amistades serán más profundas y cercanas. No olvides que los jóvenes son principiantes, y el peligro de que se sientan traicionados es grande. Al convertirse las redes en el escenario social más importante para ellos, las consecuencias de sus errores se magnifican. Cuando algo salga mal, necesitarán que sus padres entiendan su dolor, que les consuelen y les ayuden a seguir su camino. En esta fase, tu hijo comprende que puede sentirse cercano a alguien, que puede manejar el amor y también el rechazo. Esto resulta fundamental para que desarrolle una buena autoestima.

¡COMPARTE SU ENTUSIASMO!

Los niños necesitan ser vistos. Cuando se han subido a un árbol, han hecho un truco con una pelota o se disponen a saltar desde un trampolín, gritan: «¡Papá! ¡Mírame!». Quieren compartir la experiencia contigo. Muchos padres no responden lo que los niños desean escuchar. «¡Qué bien lo haces!», solemos contestar. El niño desea cercanía, pero nosotros lo evaluamos. Lo hacemos con nuestra mejor intención, pero esto no produce nada positivo.

Un niño de cuatro años que llega corriendo con una manualidad que ha preparado en la guardería no se imagina que su obra pueda juzgarse como bonita o fallida. «¡Qué bonito! ¡Hay que ver lo que has aprendido!» es una respuesta natural para muchos, pero tu hijo no busca una opinión. Te busca a ti. Si ha hecho algo bueno, quiere que lo felicites con entusiasmo y observes lo que ha hecho, ya sea un dibujo o una construcción con piezas de Lego. La alegría de dominar una tarea es muy distinta a la

sensación de ser evaluado.
Respóndele: «Muchas gracias,
mi niño. ¡Cuéntame qué es lo
que has hecho!». O dile solo:
«¡Hola, cariño, qué alegría
verte!». En realidad, no
importa cuál sea tu respuesta,
siempre que aproveches la
ocasión para mostrar con todo
tu ser que te alegras de ver a tu
hijo. Y comparte su alegría
cuando algo por fin le ha
salido: «¡Guau! ¡Atarse los
cordones, eso sí que es difícil,
y tú ya sabes hacerlo!». Esto
resulta mucho más valioso que
ponerle una especie de nota.

Por otro lado, si tu hijo
intenta sin éxito hacer algo, no
debes decirle que lo ha hecho
muy bien. Podemos creer que
los niños quieren que hablemos
siempre bien de ellos, pero
se dan cuenta de que lo
que decimos no es verdad y se
desaniman. Es mejor hacer que
tu hijo mantenga la esperanza,
que siga intentándolo hasta que
podáis compartir su triunfo. No
hay nada que produzca tanta
satisfacción como adquirir una
habilidad y poder compartirla
con alguien a quien se quiere.
Para tu niño, ese eres tú.

¿QUÉ HACER CUANDO SURGEN LOS PROBLEMAS?

Los niños sin problemas no existen, pero siempre habrá padres que presuman de lo poco problemático que es su hijo. «Durmió toda la noche desde el primer instante», «Siempre está contento», dirán, pero lo que ocurre es que ha transcurrido tanto tiempo desde que tuvieron dificultades que se han olvidado de ellas.

Porque será difícil. Llegarán las crisis. Puede que suene agorero, pero siempre tendremos que enfrentarnos a algún reto importante durante la niñez. En un momento dado, todos los niños pierden el control, no hacen caso o están muy tristes. Los padres experimentados no pueden evitar sonreír cuando los novatos se sorprenden de que su hijo de año y medio descubre que no tiene por qué decir que sí a todo. Esto puede generar desconcierto e intranquilidad, pero no hay motivo para preocuparse: tu hijo aprenderá a ser él mismo, y lo hará subiendo escalones y pasando por fases. Tu cometido como padre es mantenerte seguro durante todas ellas.

Los momentos conflictivos suelen darse en las fases de transición. Se producen cuando hay que acostarse, lavarse los dientes, comer o ir a la guardería o al colegio. Los niños odian los cambios, y los padres no siempre disponemos de un cuarto de hora extra para facilitar esa transición, pero debemos tratar de hacerlo.

En este capítulo te explicaré cómo conviene salir al encuentro de un niño desesperado, qué técnicas puedes emplear y por qué puedes descartar por completo las ideas anticuadas sobre educación infantil. Este es un manual de instrucciones para los días críticos. Te hará falta, porque esos son los momentos en que los niños más te necesitan.

«Tarde o temprano tendrá que aprender»

Durante una de mis charlas en la región de Østlandet, un padre se encontraba evidentemente frustrado por mi insistencia en que resulta fácil mantener la calma y tener paciencia en cualquier situación. Probablemente me había pasado de chula en la conferencia y había presentado cuestiones complejas como si fueran fáciles de solucionar, porque hacia el final del acto se puso de pie y contó que tenía una hija de cinco años que siempre ponía pegas cuando iban a salir de casa. En una ocasión, le había abrochado mal la chaqueta y se había bloqueado por completo, se revolcó por el suelo y gritó hasta que tuvo que agarrarla y llevarla al coche a rastras. «Es fácil decir que hay que ser paciente, pero la vida real no funciona así. ¡Tarde o temprano tendrá que aprender!», afirmó, y se sentó. Tuve que decirle que entendía su frustración, todos los padres se reconocerían en lo que decía, pero la verdad es que aprenderá... cuando esté lista. Mientras tanto, es responsabilidad del adulto mantener la calma, entender que la visión del mundo de un niño de cinco años es totalmente diferente, que unos botones mal abrochados pueden percibirse como una catástrofe y que conviene dejar un margen de unos minutos extra cuando vayamos a salir a alguna parte para que toda la familia tenga oportunidad de ponerse en marcha de una manera agradable. No es sencillo, no siempre funcionará, pero es responsabilidad del padre. El hijo aprenderá con el tiempo.

Educación infantil eficaz

Muchos padres con los que he hablado en el transcurso de los años creen que la educación infantil es lo que hacemos cuando algo va mal, que se trata de poner alguna clase de límite, de gestionar conflictos. Eso es, como ya dijimos, un malentendido.

¿Qué importancia tiene la labor educativa que llevamos a cabo cuando hay un incendio que apagar, estamos en crisis y las cosas vuelan de un lado a otro? Entonces es cuando menos vale. No funciona.

La mejor educación se imparte cuando nada se está quemando, se imparte en la vida cotidiana. Cuando acontecen las pequeñas crisis, debemos tranquilizarnos antes de enseñar nada a los niños. Que quede claro: la vieja idea de que hay que sentar un precedente con un castigo es un completo error, es un tipo de educación infantil que no funciona. Corregir a un niño de una vez por todas tratándolo con rudeza cuando tira la comida en la mesa (o reprocharle que no tiene cuidado con un vaso, o lo que sea) no resulta eficaz. Los niños que tienen miedo no aprenden. A corto plazo, puedes conseguir que tu hijo se porte bien a base de asustarlo, amenazarlo o castigarlo. Pero, a la larga, tendrás un hijo inseguro, que no confía ni en ti ni en el resto del mundo. Los efectos a largo plazo son tan destructivos que no merece la pena obtener un triunfo inmediato.

Hablaré más de los castigos y de poner límites en el capítulo 6. De momento, me conformaré con decir que la educación infantil eficaz se realiza con calma y comprensión. Es una especie de proyecto que dura las veinticuatro horas del día a lo largo de más de veinte años: se trata de cómo le hablas a tu hijo, lo que hacéis juntos y cómo es vuestra vida diaria. También por eso es importante distinguir entre lo que haces cuando hay problemas y lo que haces cuando todo va bien.

Empieza por calmarte

Sarah tenía doce años la primera vez que nos vimos. Le había ido bien en el colegio, pero de pronto entró en una fase en la que se enfadaba continuamente. Tenía una actitud amenazante tanto con los mayores como con los demás niños. Un día pegó y dio patadas a quienes tenía alrededor en clase de gimnasia. El profesor la sujetó y le preguntó qué estaba haciendo, pero Sarah se puso a la defensiva y se apartó. Eso hizo que el profesor se sintiera aún más frustrado: se alteró, la amenazó con que tendría que quedarse castigada después de clase y le exigió que pidiera perdón en ese mismo momento. Cuanto más la amenazaba el profesor, más se enfrentaba Sarah con él, más se metía en su caparazón y más difícil era llegar hasta ella.

Para Sarah también fue una experiencia negativa haber pegado y dado patadas a los demás niños. Ella querría caerles bien y estar con ellos, pero en ese momento estaba enfadada, y el profesor debía haber intentado controlar esa ira. Ella solo habría podido calmarse y volver a clase si hubiera reconocido ese sentimiento. Así, la situación se habría podido dar por terminada y los otros chicos habrían visto que tenía solución. Cuando ella se hubiera tranquilizado, se habría hablado de lo que se puede y no se puede hacer a los demás.

Ese día me encontré a Sarah en la escalera. Después de charlar un poco con ella, supe que mucha de su frustración se generó cuando se enteró de que su profesora favorita iba a cambiar de colegio. En el plano personal, tenía miedo de perderla, de quedarse sola. Los adultos también somos así. Recuerda las ocasiones en las que has tenido problemas con tu pareja: muchas veces coinciden con momentos en los que has temido perderla. Estoy casada con un hombre estupendo y no imagino mi vida sin él, pero, cuando estoy celosa, me puedo enfadar muchísimo con él por el miedo a perderlo. Quedarse solo es lo que da más miedo, a mayores y pequeños.

Cuando los niños temen que se les abandone, pueden ponerse imposibles. Por eso, si se produce un estallido, es importante calmarse primero. En ocasiones, ocurre como en el caso de Sarah: lo que hay detrás de la agresividad es el miedo. Otras veces, el tiempo de reacción entre el pensamiento y la acción es breve y los niños no son capaces de controlarse. Si consigues averiguar cómo ha experimentado el niño lo acontecido, tienes la posibilidad de hacer que se sienta comprendido.

Retirada

Es inútil que un adulto reaccione ante un niño que se encierra en sí mismo diciendo: «Eso es lo que pasa cuando uno se porta así. Tiene que entender que sus actos tienen consecuencias». Lo que hacemos es agrandar el abismo entre el niño y nosotros, que es lo contrario de lo que deseamos. Tu cometido como adulto, lo que soluciona una situación así, siempre es recuperar la conexión. Debes intentar tender puentes.

Nuestra comprensión de la situación y del niño es decisiva para saber cómo salir a su encuentro. Mi hijo pequeño es celíaco. Nos llevó un tiempo averiguar qué le pasaba, pero ahora sabemos que, si no come como debe, reacciona transformándose en algo parecido a Hulk, el personaje de cómic: se pone verde, furibundo, antipático y pierde la concentración. Esto es increíblemente frustrante, y a veces me enfado, lo que hace que me sienta la peor madre del mundo. ¿Sirve para algo enfadarse en una situación así? Sé que es mi propia desesperación, y no su comportamiento, lo que me enfada. Y sé que lo último que le hace falta es una madre irritable. Cuando hay distancia entre los padres y el hijo, este se siente solo. Cuando nos sentimos abandonados, todos nos convertimos en la peor versión de nosotros mismos, y esto es especialmente cierto en el caso de los niños. Con el tiempo, aprenderás a reconocer qué desencadena la ira, la frustración o la pena en tu hijo. Aprenderás a ver qué es exactamente lo que tú hijo necesita. Para los

CUANDO HAYA TORMENTA, DEBES SER DE AYUDA PARA TU HIJO, NO JUZGARLO NI APARTARLO. LOS NIÑOS QUE DAN MUESTRAS DE ESTAR PASANDO DIFICULTADES NECESITAN MANTENER EL CONTACTO.

más pequeños, el hambre y el sueño serán el motivo en la mayoría de los casos; en otros, podrá ser que el niño oiga mal o que tenga alergias, o cosas absolutamente corrientes, como que esté cansado y haya tenido suficiente por hoy.

Técnicas para situaciones problemáticas

Hay técnicas para conseguir que los niños enfadados, asustados o desesperados vuelvan a un estado normal. Piensa que el desarrollo mental del niño es lento y va por fases durante toda la infancia. Eso te puede ayudar a ser un poco más paciente y a tener algo más de calma a la hora de enfrentarte a situaciones que parecen imposibles.

Y si la temperatura ya ha subido, intenta recordar estas técnicas:

1. Encuentra el sentimiento. Lo primero que debes hacer es averiguar qué siente el niño. ¿Es pena, rabia, frustración o miedo?

Puede que la risa sea el camino más corto para establecer contacto con tu hijo. Si os reís juntos, estáis bien. Es una cercanía fácil, cálida y refrescante. Dale la sensación siempre positiva de que está contigo, de que os pertenecéis.

2. Piensa que hay un motivo. Cuando ya entiendas de qué se trata, debes saber que todos los sentimientos se presentan por alguna razón. Si tu hijo está muy enfadado, seguro que hay una causa detrás. Esto influye en tu manera de pensar, y el niño notará que te tomas su sentimiento en serio.

3. Comprende el sentimiento y reafírmaselo al niño.
Si le dices cuando se enfada: «Te he dicho que no debes enfadarte, molestas a la gente», el niño reaccionará enfadándose más todavía. Pero si optas por decir: «Anda, ¿estás enfadado?», le ayudarás a avanzar. Le estarás demostrando que puedes comprenderlo y ayudarle. Cuando ayudas a tu hijo a entender el sentimiento, haces que le resulte más sencillo manejar lo que le pasa y así evite que los sentimientos le controlen por completo. Entender los sentimientos no equivale a aceptarlos. Si tu hijo pega a alguien, eso no está bien; pero es importante saber por qué lo ha hecho, así podrás ayudarlo a encontrar una solución.

4. Sigue adelante. Avanzar desde la situación es muy importante. No te quedes anclado en el «pobrecito», muestra que hay una salida y que los sentimientos pueden dejarse atrás y ser sustituidos por algo bueno. «¿Te enfadaste mucho por lo de los zapatos? Lo entiendo. Pero ahora tenemos que ir a la cocina a cortar zanahorias.»

La charla puede esperar

Hablar con un niño preso de fuertes sentimientos es imposible. No en ese momento y lugar. Pero siempre llega la ocasión en la que ya no está triste ni enfadado, y entonces podrás hablar con él. Podéis sentaros juntos, puedes decir que sientes curiosidad por saber qué fue lo que lo alborotó tanto o por qué de pronto se puso tan triste. Entonces podrás decir con tranquilidad que tal vez no sea buena idea gritar y dar patadas cuando sienta que se enfada. Es mucho más fácil llegar a un niño tranquilo que a uno alterado.

Al hablar con el niño de lo sucedido, le estás enseñando algo sobre sus propios sentimientos, así los manejará mejor en la siguiente ocasión. A veces es mejor dejarlo estar, lo sé por mi condición de insistente madre psicóloga: si quieres hablar de los problemas todo el rato, el niño se cansa. Mi hijo pequeño pasó una temporada en la que se encogía de hombros cada vez que yo intentaba hablar de «lo que pasó antes». «Mamá, no quiero hablar de eso», afirmaba. Claro que no quería. Fui un poco más cuidadosa, pregunté de otras maneras y puede que a otras horas. Debes seguir hablando, pero sin avasallar al niño. Ahora está encantado de charlar, es algo mayor y quizás él también ve que es bueno.

Solía decirles a los padres que los niños que son capaces de hablar de lo ocurrido poco a poco desarrollarán la capacidad de manejar mejor sus sentimientos difíciles. Pero hay que recordar que los niños no hablan durante mucho rato de las cosas difíciles. Al principio, treinta segundos serán suficientes. Unas pocas palabras pueden resultar muy útiles.

Deja que las cosas fluyan

En nuestra casa, a los niños les encanta balancearse en la silla. No sé por qué, pero por alguna razón siempre me ha irritado. Para mí, hacer que lo dejen se ha convertido en una meta casi inalcanzable que me lleva mucho tiempo. Pueden guarrear con la comida y saltarse algunas rutinas, pero balancear la silla es un hábito con el que he decidido acabar. Y sí, sé que me podría haber fijado en algo más importante; pero, cuando me he decidido por esto, dejo a un lado el resto. Quiero decir que es importante no abrir demasiados frentes con los niños. No dejes que tu dominio sea excesivo, no dejes que en casa impere lo negativo, deja que las cosas fluyan. No te fijes en todo lo que quieres cambiar, elige algunas cosas en concreto, como, por ejemplo, balancear la silla, juguetear con el grifo del agua en la bañera o ir por casa con los zapatos puestos. Lo más importante no es seguir el reglamento al pie de la letra, lo fundamental es que el equilibrio de la familia sea bueno. Lo que importa son los buenos ratos. No hace falta que el ambiente sea positivo todo el tiempo, no debes dar la lata para conseguirlo, pero tengo el siguiente recordatorio para todos los padres: tiene que haber ratos agradables a diario en los hogares donde hay niños.

Puede tratarse de compartir una historia, de leer algo, puede ser una mirada, una risa, un momento de intimidad; no hace falta que sea mucho, pero tiene que haber algo. Déjale sitio, no permitas que todo lo que es molesto y agotador sea el centro de atención. Todos los padres se sentirán frustrados por algo que haga el niño, sentirán que van a estallar, y entonces el niño dejará de hacer eso y empezará con otra cosa que resultará molesta por otro motivo. Sencillamente, así es.

Sé que para mis chicos es casi imposible dejar de balancearse en las sillas, y sé que se lo diré un millón de veces antes de que se independicen, pero es mi pequeña manía; al fin y al cabo la he elegido yo, y tengo la esperanza de que no nos agotará a ninguno.

Milagros cotidianos

El día a día no suele ser muy problemático. Lo normal es que no haya grandes altercados. Incluso las familias que he visitado que afirman vivir en un caos permanente pasan largos períodos donde todo va bien. En mi propia infancia, en la que hubo desasosiego, predominaron largas etapas en las que jugábamos y lo pasábamos bien. Lo que intento decir es que, aunque tengas la impresión de que siempre hay un incendio, no siempre es así. Y debes estar preparado para la llegada de esas situaciones que no son ni caóticas ni conflictivas, y desearlas. Es entonces cuando puedes hacer pequeños milagros; es entonces cuando le enseñas a tu hijo las cosas de la vida, grandes y pequeñas.

TOCAR JUNTOS

Aprendí a tocar el violín cuando era más joven. Uno de mis hijos también. En general, y tras varios años en una orquesta, él toca mejor que yo; pero yo soy algo mejor desde el punto de vista técnico. Juntos nos esforzamos por lograr que, en ocasiones especiales, cuando tocamos un poco para nuestra familia y nuestros amigos, suene más o menos bien.

Si alguna vez has intentado tocar un instrumento de cuerda que se toca con arco, sabrás lo difícil que es dar con la nota exacta. Son muchas las cosas que tienen que cuadrar, y el dedo debe acertar con el punto exacto de la cuerda. Aún más exigente resulta tocar a dúo con otro instrumento similar. Ambos deben escucharse y dar tanto con el ritmo como con la nota correcta para que todo encaje en un conjunto más o menos armónico.

Así sucede también en la conjunción emocional que se establece entre las personas. Debemos conocer nuestros sentimientos y los del otro para poder adaptarnos. Ambos somos responsables de nuestros propios sentimientos, pero vivir juntos es un dúo que exige una cierta musicalidad. La interacción entre los niños pequeños y sus padres evidencia esto. Los padres deben esforzarse por llegar a la misma longitud de onda que el niño, intentar comprender qué pasa y esforzarse para lograr un buen ambiente.

En el mundo de los instrumentos de cuerda que se

tocan con arco, hay una regla: cuando tocas una de las cuatro cuerdas del violín sin presionarla con el dedo, es tu compañero de dueto quien debe ajustar su tono al tuyo. Así es también para los padres en su encuentro con los intensos y limpios sentimientos del niño: el miedo, la ira, la alegría y el amor. Cuando tu hijo sea preso de un sentimiento intenso, debes controlarte, de manera que para el niño tenga sentido tu comportamiento. Porque no hay nada que él pueda hacer cuando le impacta un sentimiento en estado puro. El niño necesita siempre que sus padres acierten con la nota, que den con el sentido de esa situación.

En la convivencia habitual entre tu hijo y tú, solo hay que hacer pequeños ajustes para que los dos deis y recibáis un poco. Pero, cuando uno de los grandes sentimientos hace acto de presencia, como adulto no puedes esperar que el niño se ajuste, entonces eres tú quien debe ocuparse de que la situación no degenere. Tu capacidad de adaptación es mayor que la del niño.

Estar en armonía con tu hijo es una labor que debes emprender varias veces al día: en todas las situaciones de transición, al despertar, cuando has estado ausente o cuando el niño ha estado un rato entretenido con sus cosas. Hasta los músicos de más talento tienen que esforzarse cuando empiezan a tocar juntos. Dar con el tono exige práctica, tiempo y atención; pero, cuando funciona, es hermoso.

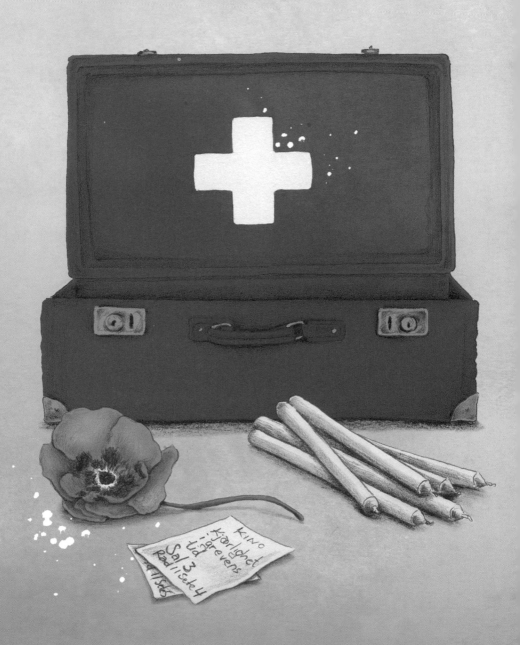

5

SALVAR
TU RELACIÓN
(Y TU FAMILIA)

La mayoría de la gente considera que tener hijos pone a prueba su relación. Una vez fuisteis novios, ahora vais a ser algo más, una especie sociedad anónima. Quiénes sois, cómo os comunicáis y colaboráis, todo eso acabará bajo una lente de aumento cuando el día a día también incluya cambio de pañales, rutinas para irse a dormir, entrenamientos y ayuda con los deberes. Verás a tu pareja con otros ojos; pero, si lo enfocas de manera adecuada, puede ser algo estupendo. Que os hayáis convertido en una familia no implica el fin de la vida tal y como la conoces.

En gran medida, se trata de hablar y vivir juntos en un equilibrio que funcione para toda la familia, tenga la composición que tenga. Proteger la relación de los adultos es muy bueno para los niños, así aprenden lo que es el amor y a ser parte de una comunidad, de algo más grande que ellos.

He recibido a muchas parejas en mi despacho a lo largo de los años, y les cuento que siempre hay cosas concretas que pueden hacer para conservar o recuperar el amor. Y también te lo quiero mostrar a ti.

La idea de que la vida, tal y como la conocías, se ha terminado

Mucha gente tiene la visión de que tener hijos implica el fin del tiempo para uno mismo. Ya te puedes ir olvidando de las tardes de cine, las cervezas con los amigos, el gimnasio o las cenas a solas con tu pareja. En resumen, solo harás lo que es propio de los «adultos» en la vida familiar. El milagro se ha producido y, de repente, todo va a girar en torno a ese único punto del universo. Los padres dejan a un lado sus propias necesidades. Tanto los días de diario como las vacaciones dependen de los deseos del niño. Es lo más fácil y genera menos conflictos. Y así es a corto plazo. Con perspectiva, es una mala estrategia: no es bueno ni para los adultos ni para los niños.

Los pequeños necesitan ver a los mayores hablando de lo suyo, hermanos que reciben consuelo antes que ellos, amigos que pasan por casa y son objeto de atención sin que todo gire a su alrededor. Necesitan ver que los adultos se ocupan de sí mismos y de sus propias necesidades. Necesitan relacionarse con una comunidad, formar parte de algo, no estar permanentemente en el centro de todas las cosas. Eso hace que sean más seguros y más considerados, les ayuda a relacionarse con un colectivo, encontrarse con un mundo en el que todos somos parte de algo más grande.

Uno de los consejos más sencillos y más importantes que doy a los padres es que deben intentar preservar su relación de pareja. Aunque haya muchas novedades, el tiempo del enamoramiento no se ha terminado, la necesidad de ser visto no desaparece. Tiene que seguir presente, no todo ha de ser preparar los sándwiches del almuerzo escolar, cambiar pañales y llevar y traer a los hijos. Preserva lo que sois solo vosotros dos. Dad paseos, ved películas, contratad canguros. Sea como sea tu familia, grande o pequeña, es importante recurrir a tu entorno. Pide ayuda a personas cercanas, deja que sean parte de tu vida diaria. A los niños les beneficia contar con más de uno o dos adultos, necesitan la diversidad que representan distintas personas, necesitan ver que hay muchas maneras de solucionar las cosas.

Así construirás una casa más amplia con más aire para respirar. A los niños les viene bien disponer de tiempo para ellos solos, igual que a los adultos. Tus hijos aprenden a ser autosuficientes cuando dejas que prueben cosas por su cuenta. Los primeros años puede que se trate solo de una noche o unas horas con un canguro de confianza; pero, según se vayan haciendo mayores, apreciarán el ser capaces de hacer cosas por su cuenta y pasar más tiempo solos. Un niño de ocho años que ha ido de campamento se siente capaz de cualquier cosa. Mostrándole a tu hijo que puede estar muy bien sin vosotros, que hay otros adultos que se preocupan por él y que le pueden ayudar, le estás dando una autonomía fantástica. Pero hazlo poco a poco y a través de pequeños detalles.

También creo que es importante para los niños ver que a sus padres les va bien como pareja. Necesitan una idea de lo que es el amor. Eso los prepara para el futuro, para todos los enamoramientos y relaciones que les esperan.

Trabaja el equilibrio de la vida familiar, reflexiona sobre cuánto tiempo pasáis juntos y cuánto cada uno por su lado. Deja que sea una meta el crear días de diario y vacaciones que tengan algo interesante para todos, no adaptes las cosas a los deseos del que grite más alto y con más frecuencia. Eso no beneficia a nadie.

Redescubriros

Tener hijos te hace encontrarte con tu pareja de una manera desconocida hasta el momento. De repente, os veréis como personas distintas, con vuestro particular pasado. La imagen que tenéis el uno del otro se matizará cuando seáis tres y habléis de cómo aprendisteis a montar en bicicleta, cuándo probasteis por primera vez a darle una calada a un cigarrillo o cómo fue el gran enamoramiento de vuestra infancia, u otras cosas grandes y pequeñas que contribuyeron a que vuestras vidas sean las que son.

Puede que también veas a tus padres con otros ojos, sientas que hay cosas de tu infancia muy buenas, valiosas, y otras de las que no te alegras tanto. Así nos ocurre a todos, y puedes estar seguro de que a tu pareja le pasará lo mismo.

En otras palabras: ser padres supone un nuevo punto de partida para la relación. Puedes volver a enamorarte de tu pareja, y eso está muy bien, pero también supondrá un reto: los dos tendréis esquemas adquiridos que no serán positivos, os cansaréis de andar siempre mal de tiempo, discutiréis, y antes o después pondréis el dedo en un punto sensible del otro. Eso os dolerá, y puede llevaros a conflictos irresolubles. Así suena uno de los dolorosos estribillos que he escuchado muchas veces entre las cuatro paredes de mi despacho: discusiones sobre cómo regañar a los niños, si deben o no dormir en su propia cama, cuál debe ser el grado de intimidad con ellos, qué les enseñan. Puede tratarse de cosas casi insignificantes, pero es fácil que provoquen sentimientos muy intensos, porque tratan de quiénes somos como seres humanos.

Cuando estamos muy cansados, es fácil olvidar las cosas que nuestra pareja hace. Es aconsejable resolver los pequeños conflictos del día a día según vayan surgiendo. Claro que hay motivos de discusión de vez en cuando, y las cosas que se solucionan no suponen una amenaza para la relación. El silencio sí lo es. El silencio destruye incluso el amor más hermoso.

Al escribir esto, no puedo dejar de pensar en un matrimonio que ha venido a verme durante varios años. Tienen estudios superiores y buena presencia, entiendo que se sintieran atraídos el uno por el otro, pero también son muy diferentes. Ella tiene la necesidad de que las cosas estén ordenadas y planificadas; él, por el contrario, tuvo una infancia que le lleva a desear para sus hijos libertad y juego sobre todo. Les supone un desgaste estar distanciados, como si hubieran ido en sentidos tan opuestos que no fuera posible volver atrás. Resulta doloroso, porque sé que sus hijos se benefician de que sean distintos. Los niños necesitan tanto la perspectiva distanciada de su madre como la emocionalidad del padre. En principio, deberían formar un buen equipo. Y no sé si lo logro, pero intento que lo vean, que asuman los puntos fuertes del otro, que se redescubran. La mayoría de nosotros tenemos puntos ciegos, y hay una razón para que así sea, pero puede ser

LOS NIÑOS QUE SON TESTIGOS DE VIDAS ADULTAS ARMÓNICAS DESEAN LLEGAR A SER ADULTOS. TU PAREJA Y TÚ TENÉIS MOTIVOS PARA VIVIR UNA VIDA FELIZ, ASÍ DARÉIS A LOS NIÑOS LO QUE NECESITAN.

muy bonito si conseguimos verlos y complementarnos. Eso es mucho mejor que unos padres idénticos, sin perderse nunca de vista.

Los padres tendréis que enfrentaros a retos, pero, si los superáis, los beneficios serán enormes: que la vida familiar funcione es favorable para el desarrollo de los niños, aprenden a tener esperanza y a ser optimistas.

Una lista para una relación mejor

La mayoría de las parejas que suben la escalera y entran en mi despacho dicen que necesitan ayuda para comunicarse mejor.

La realidad es que, muchas veces, no hay ningún problema en su manera de comunicarse, simplemente han dejado de hacerlo. Tal vez sea porque tienen miedo de hacerse daño mutuamente o de no llegar al otro, o sencillamente no tienen tiempo. En cualquier caso, necesitan conversar. Si al terminar la terapia están satisfechos, en realidad solo les habré enseñado que de todo se puede hablar, siempre que se deje que el otro acabe de decir todo lo que quiera comunicar.

Tengo una lista que en ocasiones entrego a las parejas al final de la terapia. Mi intención es que la utilicen para no olvidar lo que han logrado al hablarse. El amor duradero depende mucho de la manera en que se relaciona el uno con el otro. Puede que estos puntos de mi lista os hagan pensar:

1. Haz frente a situaciones inesperadas. En una relación amorosa, pueden suceder cosas: un secreto del pasado que sale a la luz, una enfermedad, problemas económicos, etc. Puede que hayas tenido que pasar alguna de estas crisis, comprenderla y tal vez perdonarla. Escríbela y piensa en cómo afectó a vuestra relación.

2. Busca tiempo para vosotros; no «enseguida», ahora. El abandono de uno de los miembros de la pareja es el resultado de una decisión que se empezó a tomar hace mucho. El momento de estar cerca el uno del otro es este, no cuando acabes un proyecto o los niños sean mayores y la hipoteca esté pagada. Cuando la relación ha sufrido demasiado durante mucho tiempo, ya es tarde. Piensa en algo significativo (mejor si es algo sencillo) que puedas compartir con tu pareja hoy mismo.

3. Perdona lo que puedas. Es inevitable: en una relación nos herimos mutuamente. Cuando algo duele, perdonar lleva tiempo. Muchas veces se dan cuatro fases:
1) Deja lo ocurrido al descubierto, no lo ocultes.
2) Decídete. Elige cómo vas a perdonar a tu pareja.

¿Has tenido la suerte de tener hijos con una buena pareja? ¡Agárrate a ella con las dos manos! Si les muestras a los niños una relación que funciona, aprenden sobre algo muy importante en el amor: la fidelidad.

3) Sé comprensivo, habla con tu pareja sobre la razón por la que se produjo el incidente doloroso. Entender es empezar a perdonar.

4) Mira más allá de lo ocurrido. Intenta averiguar qué os ha enseñado esta situación. Describe una ocasión en la que tú perdonaste a tu pareja o ella te perdonó a ti y cómo la dejasteis atrás.

4. Haz algo sin tu pareja. Tu pareja no puede satisfacer todas tus necesidades y deseos, y tampoco debe ser así. Ser complementarios es una de las cosas que hace que una relación de pareja funcione. En lugar de que uno de los dos esté descontento o dejar de lado tus propias aficiones, piensa en qué es lo que echas de menos (por ejemplo, ir al teatro, jugar al pádel o al póquer) y busca amigos con los que puedas hacerlo.

5. Sé agradecido. El agradecimiento mantiene vivo el amor verdadero. Piensa en cosas que aprecias de tu pareja, desde las importantes (trabaja duro para favorecer la economía familiar) hasta las pequeñas (la manera en que arropa a los niños por la noche). Escribe una pequeña lista y, la próxima vez que tu pareja haga una de esas cosas, dedícale una cálida sonrisa que le demuestre lo que significa para ti.

«¿Por qué estás siempre enfadado?»

El hombre de mi vida y yo venimos de mundos bastante distintos. Suele ser un punto fuerte, de alguna manera nos hace más visibles ante el otro, pero también ha habido ocasiones en que las diferencias se han hecho muy evidentes. Cuando nuestro hijo tenía poco más de dos años, aprendió a decir «no», y lo hacía siempre que podía. A veces mi marido se irritaba mucho, incluso llegaba a enfadarse de verdad. Para cualquier niño es un auténtico subidón descubrir que puede decir que no, comprender que decide sobre sí mismo y su cuerpo. Intenté explicarle a mi pareja que no era buena idea alterarse, que se le pasaría sin que hiciéramos nada, pero no le gustó la idea. El tiempo pasaba y mi marido se portaba como si él también tuviera tres años. Una noche los oí en el baño mientras se lavaban los dientes. Se había hecho un poco tarde, y mi pareja fue algo brusca con el niño. «¿Por qué estás siempre enfadado?», preguntó mi hijo. «¿Eso te parece?», respondió mi marido, lo que corroboró la idea del niño, que luego anunció que había pensado irse de casa. Oí el incidente, pero no intervine.

Esa noche mi marido me dijo: «Creo que he perjudicado a nuestro hijo». Le dije que estaba muy bien que un niño que fuera capaz de expresar las cosas de esa manera, pero que podría ser útil hacer caso de lo que había dicho. Lo hizo, y su relación se volvió mucho menos conflictiva. Los niños son un ejercicio de paciencia, es fácil dejarse provocar. Como pareja, uno puede sentirse un poco impotente, es fácil empeorar las cosas. A veces, puede ser buena idea ayudar a tu pareja a ver las cosas de otro modo, hablar de qué se puede esperar de un niño pequeño, cómo los adultos nos irritamos, por qué lo hacemos. Si sois capaces de plantar pequeñas semillas el uno en el otro, de ver las cosas desde nuevas perspectivas, os fortaleceréis mutuamente y os resultará más fácil *ver* al niño y ayudarlo juntos.

Uno de los padres no puede decidir cómo debe ser el otro. Mamá no siempre tiene razón, papá tampoco. Escuchándoos, entendiéndoos y compartiendo las dificultades, formaréis un buen equipo.

Elegir marcharse

Muchos viven la experiencia de haber tenido hijos con alguien que resulta no ser la pareja idónea, la persona que ellos mismos y los niños necesitan. Si no os hacéis bien y no encontráis la manera de poder seguir vuestro camino juntos, no seréis los primeros que se ven obligados a tomar una decisión drástica.

Si tenéis niños en casa, una ruptura siempre será una decisión importante que afectará a todos. Sin embargo, una familia que funciona, aunque sea más pequeña, siempre será mejor para un niño que dos progenitores que no se llevan bien. Has de esforzarte constantemente por tener una buena relación si tu pareja es aquella persona con quien quieres vivir, si ves que hay un camino hacia algo mejor para vosotros, si merece la pena alimentar la esperanza. Si no, debes intentar preservar una amistad que siga proporcionando seguridad a los niños, incluso cuando la familia se separe y cambie.

ANIMAR A TU HIJO,
PASO A PASO

Los niños necesitan tus elogios. Es una de las doctrinas más sencillas. Para que consigan algo que consideraban imposible *a priori*, si van a hacer un esfuerzo una y otra vez, el premio es lo único eficaz. El castigo y los correctivos pueden funcionar en pequeñas dosis, pero solo si se recurre a ellos de manera precisa y adecuada. El premio siempre es mejor que el castigo.

Soy de la opinión de que, en cualquier circunstancia, uno siempre puede elogiar un veinticinco por ciento más de lo que en un primer momento creyó adecuado. Nadie reaccionará con extrañeza ni pensará que esto resulta excesivo. Pero, si alabas sin ser sincero, los niños de cierta edad se darán cuenta fácilmente. Desde que empiezan a ir al colegio, es bueno ser un poco más riguroso y fijarte en qué momentos y de qué forma los elogias. Tus hijos deben confiar en lo que dices. Hasta los seis años llegarás muy lejos estando presente y dándoles atención positiva.

Toda alabanza depende de que dejes el móvil y el ordenador y de verdad te fijes en tu hijo y en lo que está haciendo. No tienes por qué hacerlo constantemente, a los niños les viene bien hacer cosas sin que tú estés detrás animándoles, pero debes intentar ver a tu hijo con la suficiente claridad como para que, al menos, una vez al día puedas ofrecerle un elogio sincero y con toda tu atención.

Algunos elogios son más eficaces que otros. Los mejores ayudan al niño a construirse desde dentro y les sirven de apoyo en su camino para convertirse en pequeñas personas seguras y optimistas. Creo que puedes llegar muy lejos recordando estas sencillas técnicas:

1. ¡Fíjate en las cosas buenas y menciónalas! Nunca alabes cosas que no sean buenas, mejor intenta descubrir qué es lo que parece funcionar y el niño puede repetir. Los más pequeños suelen necesitar una sonrisa y afirmaciones del tipo: «Qué guay que te hayas puesto la chaqueta». Si se la han abrochado torcida, puedes dejarlo estar o arreglarlo discretamente sin darle importancia. Si, por ejemplo, tu hijo ha dibujado o hecho algo, muestra con todo tu cuerpo que ves al niño y que te alegras de lo que ves. Evita calificar lo que este ha hecho como «bueno» o «bien hecho»: el niño quiere que lo veas, no que lo juzgues. Durante bastante tiempo, la atención positiva será la mejor manera de elogiarlo. Cuando tu hijo vaya a aprender a nadar, montar en bicicleta o tocar un instrumento, muestra tu entusiasmo y haz comentarios sobre aspectos concretos, como trucos o técnicas correctas. Si está haciendo algo mal, debes mostrárselo de una manera tranquila y cuidadosa o esperar a hacerlo en otro momento. En todo lo relativo al desarrollo de las habilidades, las funciones más importantes del adulto son crear entusiasmo por el proyecto y proporcionar la formación suficiente para que los niños sigan aprendiendo.

2. Los elogios indirectos siempre son los más eficaces: «¿Cómo has hecho eso? ¡Guau!». La curiosidad y la sorpresa son herramientas inteligentes para que sean los hijos quienes nos cuenten lo que han hecho. Cuando llevan un par de años en el colegio, lo mejor es dejar que sean ellos mismos quienes hablen de lo que han hecho bien, no que tú lo comentes directamente.

3. Comenta los avances cuando los veas: «¡Aquí ha pasado algo!».

4. Dales esperanzas cuando sea necesario y muestra entusiasmo. Hay parones, y es entonces cuando los padres deben animar a sus hijos a leer otra vez, darle otra patada al balón, volver a montarse en la bicicleta, etc.

5. ¡Busca sus habilidades! Si te fijas en lo que sale bien, poco a poco darás con los recursos de los que dispone el niño. Estas cualidades son los cimientos de futuros avances. No dejes que los problemas estén al mando, así perderás los ladrillos con los que sentar sus bases.

6

LÍMITES
Y CONSECUENCIAS

En el día a día de los niños, ponemos muchos límites de los que no somos conscientes. Durante mucho tiempo, serás tú quien decida qué come tu hijo, cuándo se va a dormir, a qué colegio va o cómo se abrocha el cinturón de seguridad en el coche. Los niños necesitan límites y una vida estructurada. Precisan ayuda para saber lo que está bien o mal, que les organices una vida diaria que funcione; pero, a la vez, los límites deben ser lo bastante flexibles como para poder modificarlos cuando las cosas resulten no ser como las habías previsto.

Es fácil exasperarse cuando el niño no hace lo que esperábamos, o cuando nos asustamos por algo. Hace ya veinte años que desempeño este trabajo y todavía no he conocido a ningún padre que, en algún momento, no haya regañado en exceso a su hijo o le haya tratado bruscamente y luego haya pensado: «Eso no ha estado bien». Y me incluyo.

Poner límites es una tarea difícil para muchos padres. A ellos les cuesta saber cuándo y cómo decir «no». Algunos temen decirlo con demasiada frecuencia, otros sí lo hacen bastante. ¿Cuánto puede uno enfadarse?

Los niños necesitan ver la relación entre las cosas que hacen y sus consecuencias. Tu manera de mostrárselo puede resultar decisiva para la relación que vayáis a tener durante el resto de vuestras vidas. Opino que el equilibrio está en el punto en que consigues ser claro sin utilizar la fuerza ni humillar tu hijo.

Se equivocan aquellos padres que temen poner límites, que son poco claros y dejan que el niño tenga el poder. También yerran aquellos que son más duros y se enfadan más de lo que debieran. Por eso te ayudaré a encontrar un equilibrio que sea positivo tanto para tu hijo como para ti.

¿Cuánto puedo enfadarme?

Con frecuencia, un padre o una madre me preguntan cuánto está permitido enfadarse. Suelo responder que, en aquellas ocasiones en que hayas utilizado más fuerza de la necesaria, te has enfadado demasiado. Cuando has regañado tanto que ves que al niño le duele, o lo has agarrado con tanta fuerza que se asusta, cuando notas que te has permitido recurrir en exceso a tu poder, has cruzado el límite.

Los padres castigamos a nuestros hijos mucho más de lo suponemos. Los cogemos con dureza, nos irritamos, levantamos la voz, y muchos pasan a un nivel que los niños perciben como amenazante. *Eso* nunca será útil para el niño. Cuando castigamos al niño por naderías, no suele tener que ver con el hecho en sí, eres *tú* quien está desbordado, eres *tú* quien está haciendo una tontería.

Si recurres en exceso a la fuerza, desgastarás el lazo que hay entre tú y tu hijo, y este acabará por romperse. Es tu responsabilidad evitarlo. Siempre debe haber una conexión que haga que el niño acuda a ti la próxima vez que pase algo, que confíe en ti.

Tras haberse pasado de la raya, los malos padres se dirán: «Era imprescindible hacerlo», o afirmarán: «Que se aguante». Un buen padre, por el contrario, pensará: «Esto no ha estado bien, debo evitar que vuelva a ocurrir».

Todos los padres quieren que sus hijos acudan a ellos cuando les ocurre algo desagradable. Tú quieres que tus hijos puedan contarte si algo no va bien, que te avisen. Solo será así si sienten que eres alguien de confianza que no los juzga. Tu principal cometido como padre es siempre mantener el contacto, conservar el vínculo entre vosotros. Los niños que temen decepcionar, no ser lo bastante buenos, que viven según un reglamento que define lo que está bien y lo que no, en lugar de confiar en sus padres, no acudirán a ellos cuando algo vaya mal. He tenido muchos niños sentados en mi sofá que me cuentan que «no sirve para nada hablar con papá y mamá, no lo entienden». Demasiados niños están convencidos de que sus padres no los entienden.

Entonces, ¿cuánto te puedes enfadar? Bueno, te puedes enfadar en la medida en que sigas siendo tú mismo y no alejes al niño, en que no estropees el vínculo que os une. Es bueno que compruebes esto con tu hijo, verás lo que siente, notarás cuándo haces o dices algo que lo asusta. Tu hijo te da constantemente información sobre cómo se encuentra. Las dificultades llegan cuando los adultos creemos que no necesitamos ver al niño para conocer la respuesta. Si estás atento y pendiente de sus reacciones, puedes aprender cuál es el grado adecuado de enfado.

Hay niños que tienen una reacción extraña cuando se asustan. Uno de mis hijos se echa a reír en las situaciones que lo intimidan. Lo sé porque lo conozco bien, ese es mi cometido, como es el de todos los padres conocer a sus hijos y esos pequeños detalles. Por mi consulta han pasado niños de diez años que han sido tachados de irrespetuosos, que sonríen cuando un profesor los regaña o que ignoran a sus padres cuando estos se enfadan con ellos. Los adultos creen que estos niños no los toman en serio, pero la verdad es que se quedan helados por dentro. ¿Quizá solo intentan preservar su dignidad o expresar lo que sienten como buenamente pueden? Los niños necesitan que los conozcamos, que estemos pendientes de ellos y que graduemos nuestro enfado en función de estos rasgos.

El miedo bloquea

Cuando nos encontramos en situaciones amenazantes, los seres humanos estamos biológicamente programados para reaccionar con sentimientos, no con pensamientos racionales. Por eso, podemos asustarnos y salir corriendo sin reflexionar sobre lo que está ocurriendo. En esas circunstancias, los pensamientos no están disponibles, te quedas en blanco. En los niños esto es aún más evidente. Cuando se asustan, dejan por completo de escuchar, los sentimientos lo ocupan todo. Por eso las regañinas no funcionan. Los pensamientos se desconectan y solo les quedan los sentimientos. Y el sentimiento predominante en estos casos es el miedo.

¿Es importante ser consecuente?

En varias ocasiones, me he encontrado con que los padres que han tenido una reacción un poco brusca la justifican con que «es importante ser consecuente». Si tu niño hace A, estás obligado a responder con B. Es una especie de ley matemática, opinan que solo así los niños aprenderán. Los padres pueden estar tan ocupados poniendo límites que se olvidan de observar qué consecuencias tienen estos. Siempre que haya un límite y no permitan que se lo salten sin más, pueden darse por satisfechos. Así están siendo *consecuentes*.

No creo que una infancia sana se base en que los niños reciban el mismo castigo cada vez que hagan algo que consideremos erróneo. Es mucho más importante que reciban una respuesta que comprendan, que vean que somos personas que podemos empatizar con sus sentimientos y salir a su encuentro con comprensión. Eso no quiere decir, de ninguna manera, que los niños hagan lo que quieran: siempre es responsabilidad de los adultos ayudarlos a manejar los problemas, pero es fácil no fijarse en cada caso y castigar por castigar. Si sucede A, la consecuencia es B. Cuando los padres hablan de una situación en la que se vieron obligados a ser consecuentes, tengo con frecuencia la sensación de que están intentando justificar que hayan traspasado un límite y castigado de una manera que les hace estar incómodos.

Creo que el ser consecuente debería tratarse de algo completamente diferente, como, por ejemplo, ver que a tu hijo se le cae la comida por enésima vez y, en lugar de alterarte, contestar con tranquilidad: «¡Anda! ¿Se te ha caído, cariño? ¡Vamos a recogerlo!». Esa es una consecuencia por la que merece la pena esforzarse.

¿Cuándo debemos decir que no?

Los niños necesitan un marco. Como adulto, tu cometido es decir que no, tú llevas la batuta. Los hijos dependen por completo de esto, porque carecen de la capacidad de valorar las consecuencias de sus actos. Nos referimos a los niños de tres años que se meten en la parte más honda de la piscina, del adolescente que quiere irse solo de excursión a la cabaña; quieren probar a hacer cosas que son peligrosas para ellos y, a veces, sencillamente estás obligado a decir no.

En mi caso, me doy cuenta de que cuanto más cansada estoy, más me cuesta decir que no. Hay gente que dice que no porque le preocupa que su hijo llame demasiado la atención. Las dos cosas son erróneas. Se trata de encontrar el punto de equilibrio entre dos extremos.

Si dices que no con demasiada frecuencia, tus hijos serán pasivos y poco autónomos, o pueden dejar de escucharte porque hayas empleado en exceso tu autoridad. Decir demasiado que no es igual de dañino que decir que sí a todo. Para que un «no» funcione en la educación de tu hijo, debe estar bien argumentado y debe haber diálogo con el niño. Los niños a los que se les dice que no y a los que se castiga con demasiada frecuencia dejan de escuchar a sus padres también en otras circunstancias. Si saben que la respuesta será «no» sea cual sea la pregunta, al final no se tomarán la molestia de contar contigo para que los orientes.

Por el contrario, si no dices no con la suficiente frecuencia, puedes tener hijos solitarios que no reciban la orientación necesaria. Entonces, estarás dando una educación sin límites, en la que los niños tienen el poder. Eso tampoco es bueno para ellos.

Cuando digas no, debes saber que esta es una palabra importante para el niño. Necesita aprender a utilizarla, y eres tú quien se la enseña. Así que dilo con claridad, sin sentirte mal porque no todo sea posible, porque no todo esté permitido. Es así como debe ser. Luego tendrás que mantenerte firme, soportar las quejas, la discusión o el enojo. Se pasará, y también puedes avisar: «Ya hemos dedicado tiempo suficiente a esta discusión». Dar por terminada la reacción del niño también es tu responsabilidad. Pero nunca olvides que es una gran decepción que te diga que no tu persona favorita. Explícale a tu hijo que entiendes que se sienta molesto, pero que es así como tiene que ser.

Para decirle que no a un niño, otra buena opción es utilizar siempre el nivel de intensidad más bajo. En ocasiones, será suficiente proponerle otra cosa: «¿No sería mejor que dejáramos las gominolas para el sábado?». Si hace falta que seas más claro, pasa a decir que no de manera más contundente, pero sin levantar la voz ni evidenciarlo con el lenguaje corporal. Nuestro nivel más alto de negación es parar al niño con fuerza física, algo que puede ser necesario si, por ejemplo, se echa a correr hacia una carretera por la que circulan coches. Pero solo debes utilizar este nivel excepcionalmente y cuando sea imprescindible.

Decir que no es un constante intercambio entre el cerebro y el corazón. Durante los primeros dieciocho meses de vida, no tienes que preocuparte por poner límites, puedes centrarte en el corazón, dar tanto amor, seguridad y comprensión como puedas. Y luego se va haciendo más difícil ser padre, sí. Cuanto mayores se hagan los niños, con más frecuencia te verás obligado a conectar el cerebro. Tendrás que decir que no cada vez con más frecuencia, y la manera en que lo hagas será cada vez más importante. Pero intenta no olvidar el corazón.

¿Funcionan los castigos?

Por lo que sabemos tras varias décadas investigando el castigo como medida educativa para los niños, puedo decir, con la mano en el pecho, que no funciona. El castigo es, por el contrario, el peor enemigo de la autoestima: abre grietas en los cimientos del niño.

Olvidamos con facilidad cuánto poder tenemos, lo fácil que es asustar a un niño y lo tremenda que es la experiencia de ser castigado, tanto con palabras y broncas como con violencia física.

En cierto modo, el castigo funciona, suele provocar un cambio en el comportamiento del niño a corto plazo, pero lo hace de manera errónea. El niño se asusta o se siente solo. Hay padres que tienen la experiencia de que surge efecto encerrar al niño en una habitación, sujetarlo con fuerza, gritarle o incluso pegarle. Al día siguiente, es probable que el niño se porte mejor; pero, si creen que han hecho algo inteligente y eficaz, solo se están engañando a ellos mismos. A la larga, esto resulta totalmente destructivo. Si castigas a tu hijo, tendrá problemas cuando, con el tiempo, quiera valerse por sí mismo.

Los niños que son castigados por los mayores tendrán problemas para sentirse seguros en cualquier lugar, tendrán problemas para definir su identidad, les costará empezar la vida adulta y, con frecuencia, acabarán viendo el mundo como un lugar peligroso. El castigo es terriblemente dañino, lo que pasa es que no resulta fácil verlo de manera inmediata.

El castigo solo trae consigo la destrucción de las cosas bonitas que deberíais compartir tu hijo y tú. Rompe el lazo que debes proteger.

Los niños quieren colaborar

Tengo una amiga que me conoce desde hace muchos años. Sabe bien lo que pienso de la educación y vino a mí para quejarse de que su hija adolescente estaba siempre de mal humor y amargaba el ambiente familiar. «Estarás de acuerdo en que esto debe tener consecuencias», dijo. «Les amarga la vida al resto de los niños de la casa. ¿Tendré que pedirle que asuma la responsabilidad de lo que está haciendo?»

Le respondí que un adolescente con cambios de humor tan intensos sabe perfectamente que no está teniendo un comportamiento razonable. ¿Tal vez no necesitara un castigo, sino tener la posibilidad de hablar de ello? Le pedí a mi amiga que intentara entablar una conversación con su hija sobre qué era lo que le estaba pasando, cómo se sentía y qué necesitaría para estar un poco mejor. Mientras tanto, el resto de la familia se vería obligada a convivir lo mejor que pudiera con una adolescente cargada de hormonas. «Lo más importante —le dije a mi amiga— es que no rompas el contacto. No la regañes por algo que no puede evitar, mantén la cabeza fría, conserva la calma. Conserva el vínculo que os une.»

Hace un par de años, di una charla en un instituto sobre este tema y un padre me preguntó si de verdad pensaba que eran siempre los adultos quienes debían adaptarse al niño. Eso me hizo pensar en lo fácil que es olvidar cómo los niños se adaptan constantemente. Los niños se adaptan a sus hermanos, amigos, cuidadores y padres; quieren colaborar, quieren que haya buen ambiente y, en el fondo, quieren que todo el mundo esté contento. Es fácil creer que somos nosotros, los adultos, quienes nos esforzamos todo el tiempo, pero no es así. Los problemas surgen cuando a los niños no les sale bien la colaboración y somos nosotros, los adultos, quienes debemos solucionar la situación. Si las cosas se ponen difíciles, es labor nuestra buscar una salida en la que el niño pueda participar. El niño no puede hacerlo por sí solo. Por supuesto, las situaciones complicadas son muy diferentes para un niño de tres años y para otro de trece, pero toda la infancia está repleta de dificultades que exigen que los adultos las comprendan y busquen soluciones.

Cuando dije en el instituto algo parecido a esto, aquel padre me preguntó con aire resignado: «¿Pero hay una edad en la que ya podamos exigir que el niño entienda la diferencia entre lo que está bien y lo que está mal?». Entiendo la pregunta y puedo reconocer su frustración, pero la respuesta es que los niños se van haciendo más sabios poco a poco, ven la relación entre las cosas que hacen y las reacciones de los demás. Pero piensa también en lo frecuente que es que los adultos cometamos errores; solemos ser más exigentes con nuestros hijos que con nuestros amigos. Cuando tu hijo sea capaz de vestirse solo, debes dejar que lo haga. Cuando tu hija ya sepa controlar la hora, puedes dejar de recordarle cuándo tiene que salir de casa. Sigue el desarrollo de tus hijos, su evolución y ajusta tus expectativas. Pero también debes esperar errores, todos cometemos errores de vez en cuando. Los niños también.

Aprender a manejar los sentimientos es lo más difícil de todo. En especial, lleva tiempo controlar la ira. Para un niño, lo más doloroso se produce cuando esperamos de él algo que todavía no tiene capacidad de hacer. Por ejemplo, cuando esperamos que un niño de diez años no se enfade si las cosas no salen como tenía previsto, o cuando un niño de dos años no tiene suficiente sentido del equilibrio como para ponerse las botas solo. Tiene muchas ganas de hacerlo bien, pero no puede. Aún no.

¿Es importante que los padres siempre estén de acuerdo?

Mucha gente opina que los padres siempre deben estar de acuerdo sobre cómo educar a sus hijos, que debe haber un «nosotros» fuerte. Por supuesto que a los niños les viene bien que sus padres formen un buen equipo, que se quieran y hablen de las cosas, pero no hace falta que parezcáis un frente compacto de adultez. Los padres son diferentes, solo son personas, y al niño le conviene verlo. Lo más importante para un niño es que los adultos sean reconocibles. Eso les da seguridad. El niño necesita saber que «así es mamá» y «así es papá». Los padres pueden formar un tándem estupendo, aunque estén en desacuerdo o sean distintos, mientras se respeten y confíen el uno en el otro.

Puede ser difícil ayudarnos a ser buenos padres. También mi marido y yo nos hemos encontrado en situaciones en las que a mí me ha parecido que él se ha excedido un poco en su enfado con los niños, mientras que él se ha sentido herido porque no le he apoyado, porque no he estado de acuerdo con él. «Estoy de acuerdo —puedo decir yo—, pero no con la manera en que estás manejando la situación ahora mismo.» Muchas parejas acuden a mí habiendo pasado por experiencias similares. Si nos sentimos heridos y nos enfadamos, nuestra dinámica no funciona. Es fácil que te sientas un poco tonto y traicionado cuando tu pareja te desautoriza y se hace con el control de la situación, especialmente si ocurre delante de tus hijos. Pero la verdad es que a todos nos hace falta de vez en cuando que nuestra pareja intervenga y diga: «Veo que los ánimos están un poco alterados, tómate un café y yo me ocupo de esto». Sucede como en la pista de atletismo. Cuando tú has dado todo lo que tenías en la carrera, un compañero de equipo puede ocupar tu puesto. Si tu pareja reacciona con demasiada fuerza, debes corregirla. A ella le vendrá bien y, lo que es más importante, a tu hijo también.

No hay ninguna regla que diga que los padres tienen que estar de acuerdo en todo. Si fuera así, no podríamos mejorarnos el uno al otro, se paralizaría la posibilidad de evolucionar, de cambiar un poco la perspectiva. Así, el niño solo se enfrentaría a un muro compacto, no a lo verdadero y auténtico.

Creo que la idea de los padres que están de acuerdo lleva años desconcertando a niños y a mayores. En lugar de eso, deberíamos conversar sobre cómo educar, saber cuál es la postura del otro e intentar jugar en el mismo bando. En una familia, debemos tener espacio para poder reconocer que todos tenemos puntos débiles: «mamá comete errores», «papá comete errores», faltaría más. Los niños no necesitan padres que opinen lo mismo de todo, precisan que de vez en cuando no estemos de acuerdo, que nos disculpemos al cometer un error, que lo intentemos. Somos gente normal que lo hacemos lo mejor que podemos. Ahí hay mucho que aprender.

Amenazas vacías

El otro día estuve en la piscina cubierta y vi a una madre con dos hijas que jugaban y hacían el loco en el agua. Comprendió que estaban cansadas tras una larga jornada y quería que salieran de la piscina. En lugar de decir: «Niñas, vámonos a comer algo. ¡A ver quien llega primera a la ducha!», hizo lo que hacen muchos padres, amenazó con algo inevitable: «¡Niñas, dejadlo ya! Si seguís haciendo tanto jaleo tendremos que irnos de la piscina».

La única opción razonable era, en cualquier caso, salir del agua, pero la madre lo planteó como si fuera una amenaza. Así, de pronto, esa opción se convirtió en un castigo. Al amenazar, se estropea algo que podría haber sido una alternativa completamente aceptable. Muchos padres utilizan las amenazas como parte de la educación: «Si no dejas de hacer ruido...», «Si no te acabas lo que tienes en el plato...». Las amenazas no son un buen método para comunicarse con los hijos.

Si estás sentado en una cafetería con un niño pequeño que está impaciente y malhumorado, resulta absurdo decir: «¡Como sigas así, tendremos que irnos de aquí!». Los niños pequeños no están en condiciones de controlarse por sí mismos, os tendréis que ir de todas formas. Te irá mejor si dices: «Cariño, veo que estás cansado, me parece que deberíamos irnos enseguida».

Amenazar con frecuencia te conducirá a tener que elegir entre dos malas alternativas: o llevar a cabo el castigo con el que estás amenazando o ser un padre que recurre a amenazas sin consecuencias. Ninguna de las dos cosas ayudará a mejorar la relación con tu hijo.

Robert tiene una hija de quince años. Un día notó que había bebido alcohol. Le había dicho que eso tendría consecuencias y, cuando ella le respondió con un aire algo retador «Pues vale, ¿qué consecuencias serán esas?», se sintió inseguro y le dijo que antes hablaría conmigo. Los padres de los adolescentes suelen preguntarse cuáles deberían ser las consecuencias. Por ejemplo, castigar sin salir de casa es un recurso frecuente, pero ¿qué se consigue encerrando a alguien en una habitación? No proporciona ninguna orientación y desgasta el vínculo que hay entre tu hijo y tú, reduce el contacto. Cuando Robert me dijo

> Nunca debes ridiculizar
> a tu hijo, la vergüenza es un
> sentimiento muy intenso que hará
> que este se aparte de ti. Tampoco debes
> pedirle a un niño que reprima sus
> sentimientos. Cuando le pedimos
> a un niño que deje de llorar, esto
> desgasta nuestra relación
> con el niño. Todos los sentimientos
> son aceptables; algunos necesitan
> ser manejados, pero no debe
> prohibirse ninguno.

que necesitaba mi ayuda para saber cuál sería la reacción adecuada al comportamiento de su hija, le pedí que considerara que su elección ya había tenido consecuencias. ¿Tal vez su hija no necesitara que hubiera más consecuencias, sino ayuda para tomar conciencia de las que ya había? Si beber solo tiene como efecto que te castiguen con no volver a salir de casa, volverás a hacerlo. Estar castigado un día o dos sin salir no es algo que dé miedo, pero sí es útil que tú, como padre, mantengas con ella una conversación en la que le expliques por qué te asustas cuando se emborracha, las cosas que celebras que no le hayan sucedido, las consecuencias que todo esto puede tener. Tal vez, también puedas aprovechar la oportunidad para hablar de métodos anticonceptivos y de elegir cuándo y con quién quiere tener relaciones sexuales. Así aprenderá algo, reflexionará sobre las opciones que tiene y se sentirá vista. En verdad, de no salir de casa o de otros castigos no se aprende nada.

Si tienes un niño pequeño que se ha manchado la ropa, no servirá de nada decir: «Vale, pues te has quedado sin postre». La ropa y el postre no tienen nada que ver entre sí. Una alternativa es pasar con el niño por el proceso de cambiarse de ropa con tranquilidad mientras le explicas que este lleva bastante tiempo. No hace falta que le culpes ni le avergüences, pero muéstrale que de esa manera hay más trabajo.

Le pedí a Robert que dijera a su hija lo contrario de lo que ella esperaba. No hubo castigo alguno. En lugar de eso, conversaron sobre las razones por las que tuvo miedo cuando supo que ella había bebido y sobre las consecuencias de sus actos. Y puedo decir que no estoy tan sorprendida como él de que esto realmente funcionara.

Pide perdón

Es fácil dar un traspié, y yo, como todos los demás padres, he tenido reacciones equivocadas alguna vez. Me he sentido tonta y me he arrepentido amargamente. He estado demasiado cansada, enfadada, brusca. A ti también te pasará, ningún padre es perfecto. Lo que importa es quién seas cuando te hayas pasado, cuando hayas dicho o hecho algo de lo que te arrepientes.

La peor opción en una situación así es empezar a dar explicaciones y defenderse: «Tienes que entender que...», solemos empezar. Pero el niño no tiene por qué entender nada de nada, eres tú quien ha traspasado su límite. Si responsabilizamos al niño («Cuando haces eso, papá se enfada»), no arreglamos nada. Este se sentirá culpable y será más fácil que el adulto vuelva a hacer algo similar. Poco a poco hará que el niño se sienta inseguro.

Es mejor que consideres que esta es una oportunidad de oro para enseñar a tu hijo a manejar una situación difícil. Si eliges una solución constructiva, donde muestras el camino que seguir y no repites el error, le enseñarás a tu hijo que las situaciones difíciles también se pueden solucionar: «Perdona, no debería haber reaccionado así. Estaba cansado, no era mi intención enfadarme tanto. Intentaré no volver a hacerlo». Y luego tienes que intentarlo de verdad, tienes que procurar mejorar.

Si pides perdón de todo corazón, le enseñas al niño que se pueden cometer errores, que te puedes arrepentir de ellos y que se pueden enmendar. Y que hay palabras que sirven para hacerlo.

Arreglar una situación cuando esta ha ido mal es una de las cosas más importantes que aprendemos las personas. Y la palabra *perdón* es el puente para lograrlo.

LA DIFERENCIA ENTRE REGAÑAR Y ORIENTAR

Todos los padres quieren que a sus hijos les vaya bien, que se porten con corrección, que gusten a los demás. Por eso nos desesperamos cuando tienen comportamientos inapropiados. La cuestión es cómo reaccionar ante nuestra propia angustia: ¿regañando u orientando? Si somos capaces de decirle algo al niño para que sea un poco más sabio, si conseguimos que vea lo que puede hacer en lugar de lo que no está bien, le estamos orientando. Si lo regañamos, no le estamos dando ninguna información sobre a dónde se dirige, no le ofrecemos ninguna experiencia vital útil. La orientación le enseña cuál es el camino, la bronca produce vergüenza y la sensación de no ser lo bastante bueno. Así, el niño se siente pequeño. Si le orientas, harás que tu hijo lo intente, que pruebe algo nuevo.

Si estás pendiente de cómo reacciona tu hijo a tu comentario, muy pronto notarás si estás regañando u orientando. Si regañas, verás que el contacto con el niño se deteriora, que no te responde, que no dialoga. En ese caso, lo mejor es dejarlo para más tarde, cuando estés lo bastante tranquilo o tranquila como para orientar, para ayudar. Muchos se enfadan cuando no hay comunicación y optan por regañar todavía más, pero entonces se pierde la posibilidad de hablar más tarde del problema. Y lo mismo ocurre con tu papel de orientador.

Debes hacer todo lo que puedas para orientar antes que regañar. Así serás valioso para tu hijo.

DECIR QUE NO
PASO A PASO

Poniéndole límites al niño, también le ayudas a establecer los suyos propios. No todo vale, y los niños necesitan aprender esto para cuidar de sí mismos. Aprendemos a poner límites estando en contacto con nuestro hijo, dialogando con él, y eso depende de su madurez.

Incluso cuando te parezca difícil decir que no, nunca está permitido pegar al niño, empujarlo contra la pared o decirle cosas humillantes. Como adulto, debes ser capaz de mantener tu negativa sin vejar a tu hijo. En algunas ocasiones, será mejor ceder que dejar que la situación se vuelva incontrolable. Esta no es una crisis sin solución. Debes saber que siempre se presentarán nuevas ocasiones para poner límites.

DE 0 A 18 MESES

De manera algo campanuda, te diría que no tienes ninguna necesidad de decir que no durante los dieciocho primeros meses de la vida de tu hijo. Si este se acerca a la chimenea, claro que tienes que avisar, es importante que organices las cosas para que tu hijo no pueda hacer algo peligroso ni que consideres inaceptable, pero en este período no le enseñarás nada poniendo límites. En esta etapa, la palabra *no* resulta insignificante. El consuelo, la paciencia, la cercanía, un regazo en el que sentarse es lo que de verdad importa en esta fase.

DE 18 MESES A 3 AÑOS

Evalúa la situación. Di que no con una breve explicación si esta es necesaria. Muestra dónde están los límites mediante lo que haces tú mismo y lo que transmites. Enséñale al niño cosas fundamentales, como detenerse donde termina la acera y empieza el tráfico.

Sigues siendo el único responsable de la seguridad del niño. Cuando desee algo que tú no quieras darle (como chuches o caramelos), debes enviarle mensajes sencillos: «No, hoy no vamos a comprar eso», y luego has de alejar al niño de lo que quería y hacer otra cosa entretenida.

DE 3 A 7 AÑOS

Un no claro y una explicación algo más larga son necesarios en esta fase. Debes estar preparado para que los niños sean tozudos y «nunca» se rindan, pero debes saber que el adulto eres tú, y tú decides. Intenta justificar tu no con una explicación cuando la tengas, pero ten claro que lo más importante es que digas un no muy claro, sin asustar. Luego, debes ayudar a tu hijo a dar la situación por terminada
y seguir avanzando.
Con frecuencia, esto exigirá que entiendas que recibir un no por respuesta resulta doloroso, pero tienes que saber que ese dolor pasará.

DE 7 A 13 AÑOS

A esta edad, algunos niños ya son buenos negociadores; otros hacen todo lo que sus padres les dicen. Algunos tienen miedo a equivocarse; otros no parecen preocuparse por las consecuencias. Ahora es cuando de verdad empiezas a ver cómo son tus hijos. En cualquier caso, todos los niños prefieren colaborar, caer bien. De hecho, en este grupo de edad, el error más frecuente de los padres no es la manera en la que dicen que no, sino el hecho de que no llegan a descubrir qué quieren de verdad los niños y por qué. Habla con tu hijo sobre lo que ocurre, sobre lo que quiere, y ayúdale a comprender cómo se toman las decisiones. El no a estas edades debe ser parte de un diálogo, no una decisión unilateral. Sigues siendo el principal responsable, pero necesitas que el niño te siga.

DE 13 A 17 AÑOS

Los límites ahora giran en torno a la seguridad del joven. En muchos sentidos, es como si volvieras a tener un niño pequeño, pero ahora es un niño que se opone a ti. Los jóvenes se oponen a los adultos porque les resulta imprescindible. Se buscan en los contrastes, en opinar lo contrario que sus mayores. Necesitan discutir, saber que los amas, y necesitan aprender a expresar sus propias opiniones, poner sus propios límites. También necesitan saber cuáles son las normas que tienen que seguir: cuándo tienen que llegar a casa, adónde pueden ir y que no deben drogarse. Debes elegir tus batallas y no dejarte desconcertar por todo lo que les dejan hacer a «todos mis amigos». Es vuestra familia la que debe establecer los límites que son válidos para vosotros.

¿AMOR FRATERNAL SIN PELEAS?

Por lo general, los hermanos se quieren, suelen vivir en paz los unos con los otros, pero a veces se produce un estallido. En cualquier caso, estás obligado a aceptar la relación que tengan.

A los hermanos les viene bien discutir. Deben tener la posibilidad de averiguar quién tiene derecho a qué y quién es superior al otro física y mentalmente. Los adultos que constantemente quieren intervenir y arreglar los conflictos de los niños suelen provocar que la búsqueda de soluciones lleve más tiempo. Los celos de los hermanos pueden cegar al mayor, y es difícil medir las fuerzas de cada uno y las consecuencias que tiene pegar. Si el más pequeño tiene menos de tres años, siempre debes estar atento a que el mayor no haga daño al menor. Pero, cuando los niños crecen, la mayoría de los padres harán bien en apartarse un poco de las discusiones. Vigila que no sea uno el que domina, que de verdad se trate de discusiones entre los dos. El follón que organicen no es un problema en sí mismo. Si te molesta, será mejor que vayas a hacer otra cosa y estés listo para proporcionar consuelo si fuera necesario. Curiosamente, las peleas son necesarias para que haya intimidad. A través de los conflictos llegamos a conocernos. Tanto si son mayores como si son niños, puedes enseñarles a tus hijos que no es un drama no estar de acuerdo, que pueden volver a ser amigos tras la discusión. Cada vez que vosotros (los adultos) o los niños sigáis adelante después de un desacuerdo, aprenderéis a resolver conflictos. Los hermanos que se pelean de pequeños serán mejores amigos de mayores.

Reglas nemotécnicas para las peleas entre hermanos:

★ Cuando los niños sean algo mayores y puedan defenderse solos, da un paso atrás. No intervengas como negociador al primer indicio de desacuerdo.

★ Muestra a los niños cómo se resuelve un problema, no lo soluciones por ellos. Diles: «¿Qué está pasando aquí? ¿Los dos queréis usar la pistola de agua? Vale. ¿Cómo podríais solucionarlo?», en lugar de decidirlo tú.

★ Si necesitan consuelo después de la discusión, dáselo. No debes culpar al niño y decirle que la culpa es suya por pelearse con su hermano.

★ No tomes partido: el pequeño no siempre tiene la razón y el mayor no puede ser la parte responsable todo el tiempo. Antes de la discusión han ocurrido muchas cosas que tú no has visto.

★ Si uno de los niños se porta realmente mal con el otro, debes intervenir y decirlo. Los hermanos no deben insultarse. Los hermanos también pueden hacerse daño entre ellos.

★ Observa cómo solucionáis los conflictos entre adultos y cómo son las discusiones con vuestros hijos. ¿Qué aprenden de vosotros?

★ Asegúrate de favorecer que haya oportunidad para que los niños lo pasen bien juntos. ¿Qué pueden hacer juntos?, ¿cuándo se llevan bien? Busca actividades en las que cada niño tenga su papel y pueda encontrar su lugar.

★ Rebaja los celos dedicando tiempo a solas con cada uno cuando puedas. Los niños necesitan sentirse especiales. Si están seguros de que lo son, también discutirán menos entre ellos.

PLANTAR CARA A TUS PROPIOS PROBLEMAS

Hacerse heridas y rasponazos, darse algún coscorrón, forma parte de la vida. Cuando nos hacemos adultos, parece que todas estas experiencias de traiciones, todas las derrotas que hemos experimentado, se han hecho fuertes en nosotros. Es fácil anquilosarnos en nuestras maneras de reaccionar, y aunque nos resulten naturales, no siempre son buenas.

Un hijo te exige cosas completamente nuevas, probablemente más que cualquier otra experiencia que hayas tenido en la vida. Descubrirás facetas de tu personalidad que no te gustarán demasiado. Tal vez te enfades cuando debieras consolar, tal vez te quedes sin fuerzas cuando deberías haber dado un poco más de ti. Muy poca gente ha tenido la infancia perfecta, pero eso no debe tener como consecuencia que acabes actuando como tu padre o tu madre, o que los niños terminen adquiriendo la misma inseguridad o vulnerabilidad que arrastras tú. Sé, sin duda alguna, que puedes dar forma a tu papel de padre, pero una de las pautas necesarias para que puedas ser el padre que deseas ser es que dediques tiempo a comprender tus propios esquemas. Debes atreverte a averiguar de dónde provienes y por qué reaccionas como lo haces en cada situación. Por eso, te reto a que te veas un poco desde fuera. Así, tener hijos podrá transformar tu vida como no imaginabas. Puede hacerte valiente y más reflexivo, si te lanzas.

Unas palabras que lo cambiaron todo

Recuerdo un día de verano en nuestro pequeño apartamento. Yo tendría cinco o seis años, y estaba sentada en el suelo del salón de casa. Teníamos visita de un fontanero, un hombre entrado en años que estaba arreglando el fregadero. Yo era una niña extrovertida, y seguramente vi la oportunidad de ampliar mi público, así que decidí leer en voz alta todas las palabras que había aprendido a escribir, para impresionarlo (era una lista bastante larga). Se rio allí tumbado bajo el fregadero y estuvimos charlando; lo pasamos bien. O eso creí yo. Después, mi hermano mayor me comentó de una forma muy seca que al hombre seguro que le importaba un comino: «¿Supongo que sabes que a nadie le importa lo que sepas escribir?», dijo. Sus palabras me impactaron. Era tal la diferencia entre lo que yo creía que había sido un rato agradable y el verme ahora tonta y expuesta que me ardieron las mejillas de vergüenza. Y esa vergüenza me hizo replegarme, esconderme más en mi interior durante los años siguientes.

Mucho después, cuando yo me había convertido en madre, uno de mis hijos estaba entreteniendo a todo un banco de mayores frente a la residencia de la tercera edad que había junto a nuestra casa. Disfrutaban de la energía vital de mi hijo. Yo lo observaba, pero no era capaz de alegrarme. Arrastraba otro sentimiento que para nada venía a cuento: sentía vergüenza.

Ese episodio hizo que tuviera que hacer una laboriosa incursión en mis sentimientos para descubrir de dónde venía aquello. Poco a poco, me di cuenta de que empezó con la visita del fontanero a casa en los años setenta. Esas pocas palabras que me dijeron entonces, que otra persona tal vez hubiera descartado, se habían abierto paso en mi interior y oscurecido todo un poco. Incluso ya de mayor podía sentir el rastro de ese escalofrío, y ahora estaba consintiendo que esa misma vergüenza afectara a mi propio hijo. A la vez, me di cuenta de que como madre me había preocupado demasiado que mis hijos no llamaran mucho la atención: no me gustaba que hicieran demasiado ruido, que fueran excesivos. Todavía me asalta ese sentimiento de vez en cuando.

No me gustó mucho reconocer eso. Cuando tenemos hijos, esos viejos sentimientos, esos escalofríos del pasado, pueden hacer que reaccionemos con precipitación y con más fuerza ante algo que tal vez debiéramos tomarnos con más calma. Los sentimientos intensos nos quieren manejar, pero no podemos dejar que actúen por su cuenta en la educación infantil.

¿Quién quieres ser?

Entonces, ¿qué hacer cuando sientes que eres como tu padre o tu madre, que te has transformado en alguien que no esperabas? Tal vez te sorprendes diciéndole a tu hijo algo que te habías propuesto no decirle nunca, o tal vez reconoces un distanciamiento, una ira, una intimidad excesiva. Tus propios padres son tu modelo más cercano, para lo bueno y para lo malo. Mucho de lo que has aprendido sobre cómo debe ser una familia lo has interiorizado en tu propia infancia. En algunos despierta asociaciones cálidas, seguras, de hogares más o menos funcionales; en cambio, para otros, es una puerta que conduce a algo doloroso, a derrotas. He conocido a muchos adultos que provienen de hogares problemáticos donde la madre o el padre no eran capaces de salir al encuentro de los sentimientos de los niños; hogares donde, desde muy pequeños, tuvieron que cuidarse ellos mismos de la ira, la pena o la dependencia de sus padres. Cuando estos niños se convierten en adultos, pueden prolongar el esquema al que estaban acostumbrados, o pueden intentar que todo sea perfecto para sus propios hijos, solucionarles cualquier problema de forma automática, ser demasiado protectores o apenarse cuando las cosas no salen como desearían. Otros intentarán proteger a los niños de cualquier tristeza, intentan desesperadamente mostrarse alegres para que su niño no sienta esa tristeza con la que se criaron ellos.

APRENDE A CONOCER Y A MANEJAR TUS PROPIAS REACCIONES NEGATIVAS, NO REACCIONES CON EL PILOTO AUTOMÁTICO.

Puede que estos ejemplos resulten muy evidentes, pero todos tenemos reacciones instintivas, activamos al piloto automático cuando los sentimientos se agitan. Y esas reacciones serán un obstáculo para ser el padre que deseas ser. Por eso, solo puedes salir ganando si aprendes a manejar tus sentimientos de la manera más beneficiosa para tu hijo.

El primer paso es percibir que algo pasa, que hay algo que chirría, como hice yo después de haberme avergonzado de que mi hijo alegrara a los mayores del banco de mi barrio: «Vale, he reaccionado de esta manera». Luego debes preguntarte: «¿Es esta la persona que quiero ser? ¿Mi hijo también va a vivir esto? ¿De verdad que quiero transmitirlo?». Sencillamente el hecho de pensarlo marca la diferencia. «¿Por qué reacciono así? ¿Qué podría haber hecho de forma diferente ante esta situación?». Comprender tu propia vida, tu propia historia, y ver de dónde provienen tus heridas puede liberarte de esos esquemas. Y solo tendrás acceso a esa reflexión si te das cuenta de lo que ocurre, te detienes y te preguntas si esto es lo que quieres. Si consigues descubrir por qué reaccionaste como lo hiciste, las probabilidades de que lo repitas se reducirán. Para todos resulta tentador decir «Es que soy así», pero como padre no te lo puedes permitir.

La ventaja de empezar a reflexionar es que te puede enseñar más sobre quién eres y quién quieres ser. Tener hijos te puede hacer más valiente, más listo, y sí, más feliz; pero solo si te atreves a mirarte en el espejo.

Un plan para el niño

Dormirás poco, tendrás hambre, estarás estresado por algo que haya ocurrido en el trabajo o en relación con tu pareja, o sencillamente

Algunas de las cosas que haces de manera más instintiva en la educación de tu hijo pueden ser las menos eficaces. Comprendiendo de dónde provienen tus reacciones, lo harás mejor.

tendrás un mal día. La vida cotidiana está repleta de circunstancias que reducen nuestra capacidad de tratar con nuestros hijos de la mejor manera posible. Y cuanto más te influyan, más difícil será evitar reaccionar activando el piloto automático. Este nos engaña de dos maneras. En primer lugar, nos hace creernos más sabios de lo que en realidad somos; nos decimos que es una reacción correcta porque nos sale con mucha espontaneidad. En segundo lugar, parece difícil reprogramarse cuando, por ejemplo, te obliga a regañar en exceso o a mirar hacia otro lado cuando deberías acudir corriendo.

¿La solución? Detente unos segundos y piensa sobre cómo quieres reaccionar ante tu hijo. Tal vez no te haga falta contar hasta diez, pero deberías darte el tiempo necesario para respirar profundamente y preguntarte: «¿Qué sería mejor hacer ahora? ¿Qué plan debo tener?».

Los niños lloriquearán sin que conozcas el motivo, berrearán porque no están contentos con la ropa o la comida que has elegido, te insultarán y gritarán que te odian, en algún momento se cerrarán por completo y se negarán a decirte qué es lo que va mal. Tu misión es, sencillamente, detenerte y llevar a cabo un plan. Tu sistema de defensa puede hacer que reacciones perfectamente normales del niño te parezcan imposibles de manejar, irritantes. Su fragilidad, su dependencia y su indefensión pueden convertirse en un obstáculo. Por eso debes intentar revisar tus propios impulsos y sentimientos para reaccionar teniendo en cuenta qué es mejor para el niño.

Ninguna hoja en blanco

Margaret es una mujer mayor que lleva años viniendo a mi consulta. Tiene el cabello rizado y gris, es menuda y no suelo oír sus pasos cuando se aproxima a la puerta, como ocurre con otros pacientes. Sigue arrastrando mala conciencia porque estuvo poco presente en la infancia de su hijo mayor. En aquellos años estaba muy ocupada con sus proyectos y su carrera profesional. Dedicaba poco tiempo a su hijo y él tuvo que apañarse solo con cierta frecuencia. Aunque han pasado varios decenios y su hijo está bien, a Margareth le cuesta aceptar el tipo de madre que fue. Hemos hablado de sus propios padres y me cuenta que viene de un hogar con muchos silencios, donde los niños no eran considerados una parte importante de la familia. Tuvo que apañárselas sola durante gran parte de su infancia. A menudo, estas cosas se abren camino a través de distintas generaciones y quedan en nuestro interior, y de vez en cuando vuelven a asomar. Debo reconocer que la admiro por ajustar cuentas con quién fue. Desea de verdad una mejor relación con su hijo, y me recuerda que la posibilidad de evolucionar, de optar por mejorar, está presente toda la vida.

Esa es la buena noticia. Todos, incluso los que han pasado por lo peor que pueda pasarle a un ser humano, son capaces de liberarse del pasado y tener buenas y sanas relaciones con sus propios hijos. Las heridas pueden curarse.

Por otra parte, es cierto que aquello de lo que no hablamos, lo que nos limitamos a aceptar, enterramos y escondemos, puede dañarnos en nuestra relación con los que nos rodean. Siempre seremos parte de la familia de la que procedemos, no podemos abandonar nuestras raíces. No existe una infancia perfecta, eso no es un problema, pero todos podemos intentar vivir un poco mejor con lo que ya es pasado. Nuestro objetivo debe ser no transmitir lo que no fue bueno a la generación siguiente.

He trabajado con familias que procedían de países en guerra. Ocurren cosas que poca gente es capaz de imaginar en todo su horror. Es fácil intentar encapsularlo, pero siempre intento que los padres puedan hablar con sus hijos sobre su origen. La familia necesita compartir una historia común, así los niños comprenden algo sobre la procedencia de sus padres, y a estos les ayuda a detenerse cuando sienten que los traumas emergen en alguna situación.

Hay heridas grandes y pequeñas. Todas las familias tienen su punto de partida.

Lo que repara

Trabajar con aquello que conforma tu propio equipaje te proporcionará flexibilidad y una mente abierta a la hora de salir al encuentro del niño. Así evitarás ser un padre que no has elegido ser, ser una especie de espectador de tu propia vida, y eso puede ser lo más importante que ocurra en la relación con tu hijo. Es como uno de esos vídeos de instrucciones de seguridad en el avión: solo si te pones primero tu máscara de oxígeno serás capaz de ayudar a otros.

A pesar de que durante mi infancia se desarrollaron vínculos frágiles con algunos de los que me rodeaban, ya no vivo así. Eran las condiciones que se daban entonces; ahora es distinto. Las cosas pueden cambiar, y los que sanan son el amor y la reflexión.

Cuando te entiendes a ti mismo, te perdonas poco a poco. Y perdonarse a uno mismo es la muestra de amor más extrema. Si logras ser un buen padre, estarás a la vez curando muchas de las heridas de tu propia infancia. Si toleras la cercanía prolongada, serás mejor persona. Es una promesa.

TRABAJAR CON EL PILOTO AUTOMÁTICO PUESTO

Muchos padres se sienten inseguros e insignificantes. A veces sentirás de manera instintiva algo que determinará tu comportamiento cuando tal vez desearías poder actuar de otra manera. Pero hay formas de trabajar esos sentimientos automáticos que te harán más libre y te ayudarán a ser el padre que quieres ser. Comprender cuáles son las bases de tus sentimientos, paso a paso, puede ser una de las cosas más importantes que hagas por tu hijo.

1. Pregúntate a ti mismo: ¿cómo fue en realidad mi infancia? ¿Qué es lo más importante que ha pasado en tu vida hasta ahora? ¿Qué acontecimientos, buenos y malos, han contribuido a formarte como persona? ¿Quién ha estado cerca de ti? ¿A quién recuerdas a tu lado durante tu infancia? ¿Quién te consolaba? Prueba a escribir unas breves respuestas para cada pregunta y léelas.

2. Reconoce tu propia sensación de estar seguro. Fíjate en las relaciones que tienes: tu pareja, tu familia, tu mejor amigo. Piensa en lo que supone sentirse seguro con alguien, lo que supone para ti pasar un rato agradable con alguien en quien confías. Sí, también hay discusiones e inseguridades, pero fíjate especialmente en tus sentimientos, pensamientos y reacciones en los momentos seguros y agradables.

3. Conoce todo el espectro de tus sentimientos. Anota a diario cómo estás (en el teléfono o en un cuadernito). No tienes que escribir mucho, solo responder a estas dos preguntas: ¿qué sentimientos albergo ahora? ¿De dónde provienen? Al principio resulta difícil, pero intenta anotar algo un poco más coherente cada día.

4. Descubre las conexiones. En circunstancias en las que tu relación con el niño sea difícil y sientas que no has sido el padre que quieres ser, anota qué fue lo que ocurrió, qué hiciste y qué podías haber hecho de otra manera. Solo otorgándote permiso para pensar que puedes hacer las cosas de forma diferente podrás empezar a cambiarlas poco a poco.

5. Limita el mal ambiente. Vale, pues la cena no fue tan agradable como habías previsto, acostar a los niños no salió como esperabas y la excursión que iba a ser fantástica resultó ser bastante aburrida y repleta de quejas. No tiene por qué ser culpa tuya ni tiene por qué haber algo que pudieras haber hecho mejor. No dejes que el mal humor se contagie durante el resto del día. Intenta dejarlo donde corresponde, en la circunstancia en la que se produjo.

ESO NO SE HACE

Mis padres son de Suecia, y como muchos otros suecos de mi edad he crecido en una tradición en la que a los niños se les dice: «Eso no se hace». De niña, con frecuencia me preguntaba de dónde venían esas reglas. Parecían caer del cielo, como si fuera evidente para todo el mundo: *eso no se hace y ya está.*

Nuestra manera de hablar a los niños resulta fundamental. Es una ventaja que hablemos cara a cara, que utilicemos el «yo» al hablar de algo que queremos y el «tú» cuando estemos hablando del niño.

Puede parecer evidente, pero piensa en lo fácil que es que los padres pasen a la tercera persona y digan cosas como: «A mamá no le gusta que tú...» o «A papá le parece que lo mejor es...». Así se establece una distancia. En cierta manera, evitas asumir lo que estás diciendo, es una «mamá» o un «papá» quien está triste, enfadado, o no quiere hacer algo.

Esta manera de hablar resulta desconcertante para el niño. Se les pide que se sometan a una especie de autoridad desconocida. Esto

152

sucede, sobre todo, cuando los padres quiere evitar problemas, cuando no tienen ánimo para estar del todo presentes. Pero, si lo haces con demasiada frecuencia, creará una distancia con el niño.

¡Sé *tú* mismo!

Responsabilízate de lo que dices, sé la cara que asume lo que está comunicando. No te escondas detrás de esas reglas caídas del cielo. Di: «Yo no quiero que lo hagas», en lugar de: «Eso no se hace». Utiliza «yo» en lugar de «mamá» o «papá».

Tampoco es seguro que dispongas de una buena respuesta si los niños preguntan por qué no les das permiso. Entonces puedes contestar, como hago yo de vez en cuando: «La verdad es que no lo sé, pero sí sé que saldrá mal». Por lo general, los niños aceptarán esa respuesta y, en todo caso, será mejor ser honesto y decir que no lo sabemos todo a decir que las cosas son como son. Además, a los niños siempre les viene bien discutir las cosas.

LOS NIÑOS Y LAS REDES SOCIALES

Sobre estar conectado

La mayoría de nosotros habremos visto situaciones como esta: el niño sentado en el columpio con cara de aburrimiento mientras la madre o el padre lo empujan con la mirada y la concentración enterradas en las profundidades de su teléfono. Se ha convertido en la imagen de nuestro tiempo: las cabezas gachas sobre los teléfonos móviles. Es una instantánea problemática.

Los niños están diseñados para estar en contacto, y sobre todo los más pequeños dependen por completo del contacto visual. Necesitan ver la mirada del adulto, su mímica y sus reacciones para sentirse seguros. Por eso es fundamental para los niños que dejes el móvil y el ordenador portátil cuando estés con ellos. Si te atrapa la pantalla, el niño estará completamente solo. Él también depende de ver lo mismo que el adulto, centrar su atención en lo mismo. Observar una excavadora con tu niño de dos años no tiene nada que ver con que él esté mirando la obra mientras tú estás abstraído en tu móvil. Lo primero hará que el niño se sienta feliz, que tenga la impresión de estar participando; lo segundo hará que se sienta entretenido, pero solo. El niño del columpio necesita a alguien que comparta su diversión, no a alguien que solo le dé impulso.

Por eso, el primer mandamiento de los padres es limitar el uso del teléfono cuando estén con los niños.

En algún momento de su infancia, seguramente antes de lo que crees, serás tú quien tenga que limitar el acceso de los niños al iPad y los juegos *online*. Tu credibilidad será escasa si tú mismo estás perdido en el teléfono cada vez que te aburres un poco. Por eso es buena idea empezar a desengancharse desde el momento en que el bebé llegue a casa.

Por supuesto que no es necesario renunciar por completo a las tecnologías modernas. Los niños crecen en un mundo en el que necesitan aprender a manejar juegos, aprendizaje y comunicación a través de la pantalla. Vosotros vais a ser parte de ese mundo, pero, ante todo, debes asegurarte de estar conectado al niño.

¿Qué puedes compartir?

Las redes sociales tienen mucho que aportar a los padres de niños pequeños. Tienes experiencias que te gustaría compartir, te preguntas si algunas de las situaciones en las que te encuentras las han vivido también otros padres. Pero ¿dónde está la frontera de lo privado? ¿Qué puedes compartir cuando a la vez estás exponiendo instantes, secretos y alegrías de la vida del niño?

Hege está en urgencias con su hijo. Se ha roto el brazo y ha pasado varias horas de intenso sufrimiento. Médico y enfermeros acaban de colocarle el brazo y lo están escayolando. Ella ha estado preocupada y se siente orgullosa de cómo lo han afrontado ambos. Hace una foto del brazo escayolado y la publica en Facebook con el texto: «Mi valiente en urgencias. ¡Pero ya va todo bien!». En el taxi camino a casa, rodea a su hijo con el brazo y contesta a los comentarios y los «me gusta» que van entrando. A más de ciento veinte personas les gusta su *post* y asocian corazones y bonitos comentarios. Su apoyo reconforta. Su hijo está en su regazo, cansado por lo que acaba de pasar, y se siente extrañamente solo.

Las redes sociales nos han brindado la posibilidad de recibir el respaldo de más gente que nunca, y, por supuesto, el apoyo siempre se agradece. El problema es que aquellos que se solidarizan con nosotros están más lejos que los que nos acompañan. A muchos de ellos apenas los conoces. Así focalizas tu atención en la periferia de tus amistades en lugar de en los más allegados.

Creo que, mientras no publiques fotos del niño en las situaciones más vulnerables (cuando están enfermos, tristes o desnudos), es más problemático el tiempo que dedicas al móvil que la publicación de unas instantáneas de un niño del que te sientes orgulloso. El problema no es tanto que Hege comparta la foto, sino que desvía la atención de su hijo en un momento delicado en el que este la necesita realmente.

Las infinitas posibilidades de encontrarnos con toda esa gente de ahí afuera, de que nos vean en la red, nos apartan de lo más próximo, donde realmente hacemos falta.

COSAS QUE NO DEBEN COMPARTIRSE:

- Niños con sentimientos intensos como tristeza, ira o frustración. No les hagas fotos en esas circunstancias, céntrate en ellos.
- Niños haciendo cosas que resultan incómodas. Puede que se avergüencen cuando tengan edad para comprenderlo.
- Escenas que puedan interpretarse de manera sexualizada. Aunque sea infantil y tierno, puede malinterpretarse y dársele mal uso.

COSAS QUE PUEDEN COMPARTIRSE:

- Actividades que hacéis juntos o su resultado.
- Planes para los que queréis respuestas: «¿Dónde es buena idea alojarse con niños en Londres?».
- El estado de ánimo con el que te quedas cuando los niños se han ido a dormir (especialmente si es bueno).
- Momentos significativos en el desarrollo del niño, como ir solos al baño o el primer diente. En estos casos, es buena idea limitarlo a los amigos más cercanos.
- Recuerda que compartir algo en las redes sociales es algo que haces cuando tienes energía de sobra. Debe surgir de un momento alegre, no de la desesperación. Y lo que compartas debe ser cierto y asumible para todos aquellos a quienes menciones.

Juventud y publicación en redes sociales

Si tienes hijos de más edad, enseguida experimentarás que tienen una vida completa en la red. Los juegos y las redes sociales no son solo una actividad individual, desde la educación primaria en adelante los niños pertenecen a grupos y discuten y comparten. Y sí, la mayoría publican fotos de ellos mismos y, como todo lo que ocurre en estas edades, no es algo que necesariamente hayan meditado ni el resultado tiene por qué ser bueno. Necesitan que los mayores les orienten para no meter la pata a lo grande. Y, de vez en cuando, también han de poder equivocarse. Es importante que los adultos comprendan que mucha de la vida de los jóvenes tiene lugar en las redes sociales, y que es otro aspecto en el que debes interesarte como progenitor. No asustes ni condenes, es mejor mantener un diálogo e interesarte por ellos, para que puedas orientar y ayudar cuando sea necesario. Preocúpate también de no quedar descolgado de los avances tecnológicos, para poder entender lo que está sucediendo. Descárgate las mismas *apps* que los niños y pruébalas, así tendrás más posibilidades de comprender.

¿Cuánto tiempo «de pantallas» debemos consentir?

Una pregunta que suelen hacerse la mayoría de los padres es cuánto tiempo deben dejar que los niños pasen delante de las diferentes pantallas que hay en casa. Algunos optan por poner límites estrictos, otros prohíben todas las pantallas y otros dejan acceso libre.

Pasar demasiado tiempo frente a las pantallas tiene evidentes consecuencias negativas, sobre todo porque es una actividad sedentaria y monótona tanto para el cuerpo como para la mente. A la vez, muchos de los juegos asociados a estos dispositivos son increíblemente creativos y llevan a los niños a un universo que sigue vivo en las conversaciones y los juegos en el colegio y la guardería. Por ello, jugar un poco supone una ventaja a la hora de integrarse en la vida social. Los adultos nos alegramos mucho de que jueguen un rato el domingo por la mañana, así tenemos la oportunidad de tomarnos un café en silencio.

Pero no todos los niños son iguales. Algunos se quedan fascinados por el juego y son incapaces de dejarlo. Solo quieren jugar, y eso lleva a auténticas batallas para intentar que hagan otra cosa. A otros les gusta cambiar de actividad y pueden pasarse días sin pensar en los juegos *online*.

Si eres un padre demasiado estricto, tu hijo no creerá que puedas ayudarle u orientarle; si consientes en exceso, el niño no recibirá la orientación ni la ayuda que precisa. Eres tú, como adulto, quien pone los límites y favorece que comprenda por qué, a la vez que debes mostrarte receptivo a sus sentimientos. Según se vaya haciendo mayor y madure, puedes hablar con él y orientarle. Lo más importante es que pongas los límites en diálogo con el niño, que participe en el establecimiento de las reglas; no impongas un reglamento ni normas inamovibles. Los niños van a vivir rodeados de pantallas toda la vida, seguramente en un mundo que no somos capaces de imaginar del todo, por eso necesitan encontrar la manera de relacionarse con esa realidad.

Lo más importante que puedes hacer como padre es ayudar a tu hijo a comprender que la vida no es solo una pantalla. Muéstrale otras actividades, enséñale otras cosas, como dibujar, esquiar, tocar un instrumento, subirse a un árbol, encontrar el camino de una cabaña en la montaña, lanzar un disco o ir en bici a la panadería a comprar bollos recién hechos. Los niños necesitan sentirse capaces, intentar ir más allá, aprender más. En la actualidad, muchos niños encuentran en los juegos *online* la posibilidad de cubrir esa necesidad. Proporciónale a tu hijo otras opciones, además de relajarse con esos juegos. Desde que llega a esa edad, y en adelante, debes explicarle cuál es el problema de pasar demasiado tiempo frente a una pantalla: que afecta al sueño, que ocupa tanto lugar en la mente que hace que todo lo demás parezca secundario (a pesar de que no lo sea), y que los juegos y la informática están muy bien, pero que también deben quedarte fuerzas y tiempo para otras cosas.

Siempre es responsabilidad del adulto establecer un marco favorable al niño: actividad física, sueño, alimentación, leer libros y jugar con otros niños. Asegúrate de que el resto de las actividades ocupan el tiempo necesario. Entonces, ¿he respondido a la pregunta de dónde debes poner los límites? Bueno, lo más importante no es establecer un cupo de horas o minutos, sino evitar que la red se convierta en el gran conflicto de la vida familiar. Busca la manera de acordar unas normas que el niño sea capaz de comprender y compartir. Aquí tienes una lista de cuestiones que pueden ser positivas a la hora de decidir cuánto tiempo le vais a dedicar en tu familia:

1. ¿Cuándo conviene que el niño juegue? Busca un momento en el que pueda hacerlo y pasarlo bien sin que afecte a otros aspectos de su vida.

2. Muchos niños quieren jugar todo el día, pero a ninguno le conviene en realidad. Asegúrate de que no tiene posibilidad de estar conectado constantemente.

3. Otras actividades adaptadas a la edad del niño y que resultan divertidas limitan el tiempo de juego de manera natural. Facilita que así sea.

4. Limita tu propio uso de pantallas. Tendrás poca credibilidad si estás pendiente del ordenador y del teléfono móvil a todas horas.

5. Familiarízate con los juegos de los niños para saber cuándo puedes interrumpir sin estropearles la diversión. Por ejemplo, muchos juegos no tienen la posibilidad de dejar una misión a medias. Planifica, llega a acuerdos, muéstrate comprensivo.

6. Los niños no deben acostumbrarse a la *tablet* como recurso ante cualquier momento de aburrimiento o tiempo en soledad. Los juegos son una actividad, no un canguro.

7. Sueño, alimentación, cuidados personales, tiempo juntos... Intenta enseñarles a los niños, desde muy pequeños, la importancia de lo más básico, de manera que la red y los juegos queden en segundo lugar.

8. Cíñete todo lo posible a la edad recomendada para cada juego. Hay motivos para que un juego tenga un límite de edad de doce años, y en ese caso el niño debe tener como poco diez para poder jugar, aunque sea acompañado de un adulto. Debes estar pendiente de lo que descargan y con lo que juegan, también en casa de sus amigos.

La tecnología es maravillosa, pero trae problemas. El mayor, en mi opinión, es la cercanía que nos roba. Es muy fácil estar ausente. Los padres de hoy en día deben permanecer atentos y encontrar la forma de estar más cerca de sus hijos. Se puede empezar por levantar la mirada. Utiliza las redes sociales como lo que son, una manera de estar en contacto con mucha gente, pero dedica siempre más energías a la vida real, junto a los más próximos. Y, entre ellos, los niños son los más importantes.

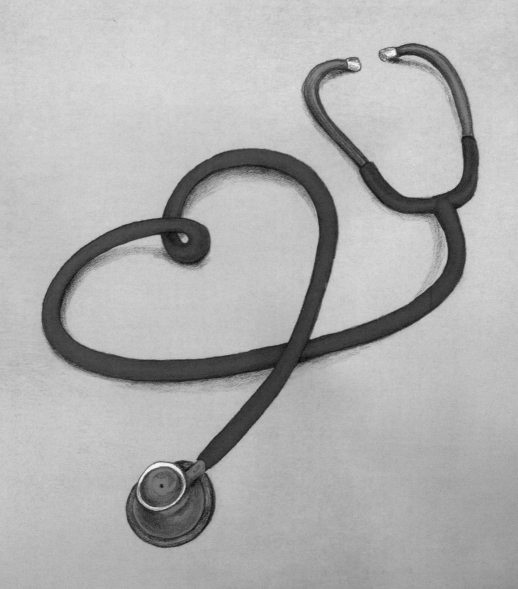

CUANDO LOS PROBLEMAS CRECEN

Las paredes de mi despacho han contemplado a muchos padres dispuestos a hacer lo que sea para que sus hijos estén bien, para que sus vidas sean felices; pero luego la realidad resulta no ser así.

Cuando decidí escribir este libro, supe que debía decir algo a quienes no participan de lo que el resto consideramos «normal». Aquellos a quienes advirtieron ya en una ecografía que algo iba mal, que su niño siempre sería diferente; o a los que reciben una llamada de un profesor que les cuenta que su hijo molesta al resto de los niños, que no se adapta al colegio. Hay niños que no consiguen dormir hagan los padres lo que hagan, niños con una inquietud incomprensible, niños que pelean y retan, niños que se niegan a comer. Para algunos se trata de una fase, para otros dura toda la vida. Hay niños, sea cual sea la causa, que exigen más a sus padres.

¿Qué hacer? Aquí tienes algunas reflexiones y pistas.

Consejos sin sentido

A la gran mayoría de las personas les gusta presentarse como mejores de lo que son en realidad. Y eso es, sin duda, aplicable a los padres. Por eso es probable que lo que les oigas contar sea lo que va bien, lo que hacen con éxito. «Aprende muy deprisa», «Duerme hasta tarde y siempre está de buen humor», «Es muy fácil de llevar». Las cosas rara vez son tan sencillas como nos gusta contarlas, nos encanta poner hermosos filtros a nuestras vidas, pero también ocurre que no nos ponemos en el lugar de quienes tienen más dificultades.

Resulta aún más solitario buscar soluciones sumergidos en un mundo en el que todos parecen ser felices. Esto refuerza nuestra impresión de ser el único que tiene dificultades. Los consejos de los padres que ahora mismo tienen todo «bajo control» pueden ser inútiles y carentes de sentido. Es muy distinto ser padre o madre de un niño que tiene problemas que de otro que está totalmente adaptado. Requiere otras técnicas, otros conocimientos y otro nivel de comprensión.

Busca ayuda

Yo he tenido hijos que me han proporcionado muchas experiencias por sus necesidades especiales y sus problemas. Como madre, he tenido que buscar soluciones fuera de lo corriente. También he pasado por una ruptura de pareja y períodos de precariedad económica en los que no tuve las fuerzas que debería haber tenido como madre. Lo veo claro cuando miro atrás, pero en el momento solo sientes que la vida te pone a prueba.

En mi trabajo he agradecido muchas veces mis vivencias personales. Son experiencias importantes a la hora de hablar con quienes se encuentran en mitad de un reto, y me ha enseñado sobre todo una cosa: cuando tus circunstancias son distintas a las del resto, no puedes hacer lo mismo que todos los demás. Debes encontrar un ritmo y una manera de vivir que se adecúe a vuestros problemas. También me ha enseñado que los expertos no siempre aportan tanto como yo hubiera esperado. Sí, hay ayudas, pero no siempre es fácil dar con la adecuada.

Cuando mi hijo mayor tenía un año, no dormía. O, mejor dicho, dormía, pero se despertaba en menos de una hora, respiraba con dificultad y presentaba claros síntomas de falta de oxigenación. Esto ocurría noche tras noche. Cualquiera que haya pasado por la experiencia de que lo despierten todas las noches a cada hora sabe que pasadas unas semanas resulta casi imposible funcionar con normalidad. Cuando lo llevé a la pediatra, ladeó la cabeza, me miró con simpatía y me preguntó si estaba cansada. Lo estaba, claro. Entonces me propuso que no me preocupara tanto por la limpieza de casa (puedo aseguraros que no estaba excesivamente limpia), que no lo cogiera cuando se despertara (que es un consejo completamente imposible de seguir cuando estás levantando a un niño que no puede respirar) y que viera cómo evolucionaba. No tuve fuerzas para protestar en aquel momento, pero muy pronto empecé a pensar que estaba completamente equivocada. Decidí llevarlo a otro médico que, tras un reconocimiento rápido, constató que el niño necesitaba una operación de amígdalas para que le llegara oxígeno suficiente a los pulmones. Era urgente, y dos semanas más tarde mi hijo dormía como todos los demás.

Cuando te encuentras completamente agotado porque estás cuidando de un niño que tiene problemas, encontrar la ayuda apropiada puede ser una tarea titánica. Con frecuencia, los pediatras y enfermeros ven a tantos padres que se preocupan sin motivo que su primer consejo siempre es que se pasará solo. Y así suele ser, pero no siempre. Tu hijo necesita que estés pendiente y busques ayuda cuando las cosas no se solucionen por sí mismas.

Lo que quiero decir es que siempre serás el principal apoyo y el abogado defensor de tu hijo; no dejes ese papel.

Servicios asistenciales

Lene tiene una hija que acaba de empezar el colegio. Las dos tenían grandes expectativas, pero las cosas no están siendo fáciles pasados unos meses. Cada mañana se convierte un completo caos: llora, se niega a vestirse, no quiere comer. Dejarla en el colegio le rompe el corazón. El profesor opina que se le pasará, pero Lene no ve ningún indicio de que las cosas evolucionen positivamente. Cuando recoge a su hija está cansada y silenciosa. Por pronto que vaya a buscarla, nunca es lo bastante temprano.

Para algunos niños, adaptarse a toda una clase supone un desafío mayor que para otros. Además, ocurren tantas cosas en el proceso de desarrollo de un niño de seis años que siempre es un período difícil. Si estamos ante los problemas propios de un período de transición que pasarán con tiempo y paciencia o si estamos ante un problema que no era fácil detectar antes no siempre es fácil de decidir. Opino que los padres que encuentran tantas dificultades deben recibir más asistencia

UNA LISTA DE COMPROBACIONES PARA TIEMPOS DIFÍCILES

1. ¿Qué puede ser?

Cuando tu hijo tiene dificultades, es aún más importante que tomes el control. ¿Qué puede ser? ¿Es una alergia, una enfermedad, algo que ocurre en el colegio o la guardería? Anota lo que te preocupa y observa si se desarrolla con el tiempo o si existe algún esquema. Con frecuencia resulta difícil ver las cosas claras cuando uno está preocupado, y se hace más sencillo al leer nuestras notas. Pide consejo a expertos, pero ten claro que no siempre tienen todas las respuestas. Puede que tengas que consultar a varios, buscar otras soluciones y distintas explicaciones.

2. Debes aprender y comprender más

Busca información sobre el problema que tenéis. Lee en la red, habla con otros padres, consulta con expertos en ese tipo de problema en concreto. Si hay alguna asociación, ponte en contacto con ellos. Como padre debes convertirte en experto en el problema de tu hijo.

3. Los niños a los que les pasa algo también necesitan una familia que funcione

Como ya he escrito varias veces en este libro, los niños necesitan sentir que pertenecen, necesitan formar parte de una familia que funcione. Y eso vale tanto o más para niños con problemas. Busca un ritmo y una vida cotidiana adaptada a todos. No olvides a los hermanos, que fácilmente acaban siendo relegados cuando hay muchas preocupaciones. Algo de tiempo a solas con un adulto una vez a la semana puede compensar mucho.

4. La ayuda práctica vale su peso en oro

En tiempos convulsos, es de gran ayuda que alguien salga de paseo con el niño en el carrito, le prepare la cena, le recoja en la guardería o lo que sea. Acepta la ayuda, atrévete a pedirla a personas en las que confías o, si tienes la posibilidad de obtenerla pagando, hazlo.

5. Ignora los consejos de «todo el mundo»

Es fácil sentirse desconcertado por los consejos que todo el mundo ofrece cuando tienes dificultades. Piensa que las intenciones son buenas, pero rara vez sirven de mucho. Sois los primeros que os encontráis precisamente en esta situación, y sois vosotros quienes debéis descubrir todo lo que conlleva y después buscar un equilibrio que funcione para vosotros.

6. ¿Eres tú quien tiene un problema?

Si tienes hijos, debes hacer todo lo que esté a tu alcance para solucionar tus propios problemas. Es la única salida. Busca ayuda y asume tu responsabilidad.

en el colegio. Deben atreverse a solicitarla, los orientadores sociales y otras ofertas asistenciales escolares enfocadas a la salud deben salir a su encuentro. Es en esas fases cuando tanto padres como hijos necesitan ayuda, y hay una estructura creada precisamente con este fin. Atreveos a sentiros un poco desconcertados, dudosos y frágiles, y decididos si hiciera falta.

Esto mismo es aplicable a otros dos padres que han venido a mi consulta durante unos seis meses. Tienen un bebé que duerme mal, llora mucho y no quiere el pecho. En otras palabras: su experiencia no está siendo como esperaban. El médico les dice que todo parece estar bien, que deben relajarse, pero ¿es posible relajarse cuando las cosas están así? Son muchas las causas por las que algunos niños no logran sentirse tranquilos. Puede deberse a la ansiedad de los padres o a alguna alergia o enfermedad por diagnosticar. Algunas molestias se pasan solas, algún desasosiego también se pasa con el tiempo, pero puede ser muy arriesgado apostar por que será así y no actuar. Los niños que nó encuentran descanso, que no están a gusto, deben visitar a un especialista. Además, el servicio de orientación parental puede ayudar a los padres a encontrar mejores formas de tratar la intranquilidad del bebé.

A todos los que me dicen que no saben qué hacer en una circunstancia así, les digo que deben ponerse en contacto con expertos y buscar las ayudas disponibles: llama o escribe un correo al colegio, a la guardería, a tu Ayuntamiento o comunidad. Pide ayuda.

El bebé de estos padres de los que hablo fue declarado sano. Juntos hicimos un esquema de su jornada: cuándo dormía, cuándo estaban juntos y cuándo solía comer. Vimos que los días eran muy diferentes, que había pocos elementos que se repitieran. Una rutina diaria, que las cosas sean previsibles, puede resultar muy tranquilizador para los niños. Con frecuencia lo acostaban tarde, muchas veces a diferentes horas, en función de cómo hubiera sido su jornada laboral. Era natural que fuera así, porque las tardes eran el mejor rato que pasaban juntos. Pues estableciendo rutinas y acostándolo antes, se sintió más tranquilo, obtuvo calma. Sencillamente se habían metido en un círculo vicioso y el bebé necesitaba la ayuda de sus padres para romperlo.

Encuentra un lugar para la pena

Annette y Erik forman una pareja madura que acudió a mí con una gran pena. Hace un año tuvieron un hijo muy deseado, pero ya durante el embarazo le descubrieron graves anomalías. Nació antes de tiempo y, durante los primeros meses, cada día estuvo plagado de dudas: ¿sobreviviría o no? Ha salido adelante, pero su desarrollo es más lento, distinto al de otros niños. Los padres sienten una angustia constante por pensar que pueda morir. Han vivido mucho tiempo con esta angustia y acuden a mí porque no saben cómo van a ser capaces de salir a su encuentro con alegría y esperanza cuando la mayor parte del tiempo están pensando que puede irse en cualquier momento.

Procesar la pena y dejarla a un lado para hacer sitio a la vida tal y como es no ocurre por sí solo. La pena tampoco nos llega a todos a la vez ni de la misma forma. Los padres que se enfrentan a situaciones difíciles experimentarán con frecuencia que manejan la situación de maneras distintas. En esos momentos puede resultar difícil darse apoyo mutuo. Hay quien necesita palabras y quien necesita ritos, otros llenan su vida con todas las actividades que tengan a su alcance para evitar pensar; pero todos necesitamos que nos acepten y encontrar un lugar para expresar el desconcierto y la pena que hay en nuestro interior. Busca ese lugar, ya sea en un amigo cercano, en el terapeuta familiar o en el sacerdote, llegado el caso. Cuando puedes expresar con palabras tu propia pena y preocupación, resulta más fácil aceptar y compartir la manera en que tu pareja pasa por la misma experiencia.

En ocasiones, la idea de cómo debería haber sido nuestra vida cierra el paso a la que realmente tenemos. Conozco a una mujer con una hija discapacitada que me contó que hubo un momento, cuando su niña era muy pequeña, en el que pareció resignarse. «¿Es así como van a ser las cosas?», preguntó pensando que estaba entrando en una depresión. Yo le dije que, al contrario, estaba dando un paso adelante muy importante. Era imprescindible que aceptara la realidad para poder apreciar todo lo bueno que tenían: la niña hablaba antes y mejor de lo que habían esperado, me contó que tenía una risa muy hermosa, lo que soñaba, los juegos a los que jugaban. Y, cuando empezó a contemplar su vida tal y como era, se desbloqueó.

Cuando el problema es un adulto

En ocasiones el problema no es del niño, sino de un adulto. Puede tratarse de dificultades económicas, problemas en el trabajo o conflictos en la familia propia. Puede ser angustia o depresión, drogas o una enfermedad grave que hace que tú, como madre o padre, tengas menos para darle a tu hijo. Es desesperante no estar en condiciones de darle a tu hijo lo que necesita. Si has tenido la suerte de tener un hijo, depende por completo de ti y de cómo soluciones tus problemas. Ponte en contacto con quien te pueda ayudar, ya sea a través de la oficina de empleo, del centro de salud o de los servicios sociales. Y si sientes que no tienes lo que hace falta para atender a tu hijo, ponte en contacto con tu familia o con la protección de menores. A veces es imprescindible convocar a otros adultos. Esperar que la ayuda llegue sin hacer nada uno mismo no es suficiente cuando eres responsable de un niño, debes buscar ayuda por ti mismo.

Deja lugar al amor

Cuando un niño o un adulto ocupan mucho espacio con sus problemas, no es fácil ser hermano o pareja. Quien tiene los mayores problemas ocupará, naturalmente, más espacio. Así debe ser, pero como padre no puedes dejar de cuidar de los otros niños y, curiosamente, también del amor entre tú y tus más allegados. Las cargas prolongadas desgastan la proximidad, lo que a su vez conduce a que se produzcan rupturas más fácilmente y que los hermanos sientan que no importan, que no les quieren. Conservar la cercanía, la sensación de que todos formáis parte de una unidad, no es fácil. Pequeños rituales, como tomar algo o una partida de cartas antes de irse a dormir, pueden tener un gran efecto sobre los hermanos. Si sois varios en la familia, debéis repartiros, de manera que todos los niños disfruten por separado de tiempo con un adulto, también los que están sanos. Si alguien os puede prestar ayuda, es el momento de aceptarla. Tal vez los adultos podáis dar un paseo juntos, ver una película, tomar un café o dormir un poco más, aunque solo sea una mañana. La diferencia será grande. Cuando la vida te pone frente a un desafío, proteger las pequeñas cosas que os unen es más importante de lo que puede parecer. Además, siempre debéis intentar hablar de lo que es fácil y de lo que resulta difícil. Eso requiere tiempo y espacio, pero el amor necesita conversar para prosperar. Intenta contribuir a que no impere el silencio.

Los niños necesitan adultos que se reconozcan y que compartan, así aprenden a ver a los demás y a compartir. Del mismo modo, los niños necesitan ser vistos y tener con quién compartir. En tiempos difíciles es complicado mantener el equilibrio en la familia, pero busca la manera de llegar al otro para obtener un poco de contacto.

Seas quien seas y sea lo que sea lo que la vida te ofrezca, a lo largo de veinte años con hijos te encontrarás con problemas. La tristeza, la frustración y el enfado forman parte del papel de padre, pero debes saber que el desarrollo del niño no es una línea recta, sino todo lo contrario: lo que parece insalvable una semana puede haber dejado de ser un problema en unos meses. Algunas cosas se pasan solas, pero el niño depende de que los adultos busquen soluciones y tengan paciencia ante las dificultades.

Todo sale realmente mal cuando el niño debe buscar las soluciones por su cuenta. Cuando el niño se siente abandonado es cuando hay peligro de verdad.

¡Debes estar presente!

A veces me quedo mirando los libros de las estanterías de mi despacho. Todos ellos están repletos de ideas sobre lo que debe ser la buena educación infantil: informes científicos y análisis, miles de páginas sobre lo que funciona y lo que no. A veces imagino que los acerco a la ventana y los tiro a la calle, el tranvía pasa por encima y los arrastra por el barrio, se dispersan en una bandada blanca y desaparecen volando.

Cuando profundizas en algo, es fácil olvidar lo más importante. Recuerdo a una mujer que me contó que las chicas del colegio excluían a su hija. Es una de las cosas más dolorosas que nos puede pasar como padres, ver que nuestro hijo sufre. Por supuesto que hizo todo lo que pudo: asistió a reuniones en el colegio, habló con otros padres, llevó a su hija al centro de salud, invitó a las otras chicas a casa... Intentó encontrar un camino de vuelta para ella.

Por la noche, cuando su hija se quedaba dormida, la madre se tumbaba a llorar en el sofá. Pronto empezó a dormir peor. Pero entonces le dieron un consejo que lo cambió todo, le dijeron que ignorara todo lo que hacía por su hija y que, en lugar de eso, *estuviera* allí para ella. Se trataba de cosas muy sencillas: ver una película juntas, acariciarle la espalda cuando se fuera a dormir cada noche. Le aconsejaron que se dejara ir y optara por escuchar a su hija, entender sus sentimientos sin decir: «Esto no puede ser. ¡Tenemos que arreglarlo!». Podía seguir haciendo lo que hacía por su hija si creía que resultaba útil, pero sin implicarla a ella. Lo único en lo que debía incluir a su hija era en el contacto cálido y real entre ellas.

Le pase lo que le pase a tu hijo, ese contacto es lo más importante, y solo tú como padre se lo puedes dar. Ningún profesional puede asumir ese papel. Empecé este libro describiendo las tres partes del vínculo que debes establecer entre tu niño y tú: una base sólida, pertenencia y reafirmación. Si vuelves sobre ello y piensas en cómo puedes llevarlo a cabo en tu hogar, podrás fortalecer tu lazo un poco más. Así el niño aceptará mejor sus problemas y los tuyos, y tendrá la paciencia que hace falta para resistir hasta que deis con las soluciones que necesitáis.

Si tienes un hijo que necesita algo más, quiere decir que tú, como adulto, debes buscar la explicación y descubrir qué puede ser de ayuda. Pero si te limitas a hacerlo, no le servirás a tu hijo. Los niños con problemas necesitan, más que ninguna otra cosa, un padre que esté con ellos. Por eso, de vez en cuando es necesario que hagas un alto, que dejes los papeles volar y recuerdes lo más importante: debes estar presente. Conserva el lazo, no dejes nunca solo al niño.

TÚ, UN SUPERHÉROE

Hay un anuncio, creo que es australiano, en el que se les pregunta a unos niños y a sus padres con quién les gustaría cenar si pudieran elegir libremente entre todas las personas del mundo. Los adultos se lo piensan mucho, responden Barack Obama o Beyoncé, actores y actrices de primera fila, destacados políticos y famosos. Entonces entran sus hijos, se les hace la misma pregunta y responden de manera casi instantánea, porque para ellos la respuesta es muy simple: «¡Mamá y papá!».

Esto supone para los adultos descubrir lo importantes que son en las vidas de los pequeños. No hay nada mejor que tú, nada es más grande que tu tiempo, tu cariño y tu atención. A los ojos de los padres son héroes, superhéroes. Tu hijo siempre hablará bien de ti fuera de casa, siempre te protegerá, presumirá de ti y te valorará más de lo que mereces.

EL CAMINO
QUE SEGUIR

En Oslo, en otoño, el cielo puede crear increíbles efectos de color sobre los tejados. El verano quema los últimos cartuchos a lo salvaje, las nubes son de un rojo intenso, el cielo rosa. Me quedo mirando el pedacito de cielo que vislumbro entre los tejados; ni a las vías del tren ni a la gente. Mientras escribo las últimas líneas de lo que pretende ser un manual básico, un punto de partida para todos los que tienen niños en su vida, es difícil saber si acertaré como espero.

Tengo la esperanza de que hayas aprendido algo, o de que tal vez hayas reflexionado sobre tu manera de tratar a los niños. Tus conocimientos y lo que elijas hacer en el futuro van de la mano. Lo que yo te facilito son propuestas, pero solo tú puedes encontrar lo que funciona en tu propia familia.

No hace mucho pasó por mi despacho un chico de catorce años. Me quedaron grabadas sus palabras. Llevábamos un rato de charla cuando de repente calló, se quedó pensativo y dijo: «No me gusta cómo

me hablan los adultos cuando estoy enfadado». «¿Qué quieres decir?», pregunté yo. «Resulta desagradable. Ponen una voz suave y dicen cosas correctas, y ganan la partida porque fingen.»

Creo que no andaba desencaminado. Aunque los profesores y los padres le dicen lo apropiado, se queda igual de solo. Le hablan más para resolver la situación que para salir a su encuentro. Eso les hace inmunes en cierto modo. Pero lo más importante no es decir las cosas «correctas», es crear un lazo entre el niño y tú. Las palabras pueden ser bastante huecas, por muy bien que queden sobre el papel. Salir al encuentro de tu hijo supone abrirte. Los niños necesitan que de verdad seas capaz de compartir con ellos sus sentimientos, necesitan ver que los entiendes de verdad. Los trucos que te he dado no funcionarán hasta que los hayas interiorizado y los hayas hecho tuyos. Debes usarlos siendo quien eres.

El consejo que de verdad me gustaría darte es que seas un padre curioso. Si preguntas, indagas y sigues a tu hijo con interés, tendrás un punto de partida sólido. Los sabelotodo rara vez tienen la mejor receta. También siento que este es el momento de decir que, si este libro no te llega, si estáis en un planeta distinto al mío, lo entenderé, y espero que os atreváis a buscar ayuda en otra parte.

Si, por el contrario, eliges llevar contigo algo de lo que has leído, espero que te atrevas a confiar en lo que te he dicho y puedas ser tu propio guía cuando la vida se ponga cuesta arriba. Porque eso ocurrirá.

Tu hijo siempre te admirará, pero también necesita padres que cometan errores y los reconozcan. Los niños necesitan vernos como seres humanos de carne y hueso, no como figuras de cartón que representan el concepto idílico de lo que deben ser unos padres de éxito. Es la persona de verdad la que enseña al niño a navegar por el mundo adulto. La persona de verdad fracasa; hiere a otros; se decepciona a sí misma; tiene días buenos y otros no tan buenos; llora y ríe; es valiente y cobarde; y de vez en cuando acierta.

La magia está en el día a día, en funcionar bien juntos.

Os deseo lo mejor, tanto a los padres como a los hijos.

La familia.

UN PEQUEÑO AGRADECIMIENTO A TODOS LOS SABIOS

Casi todo está ya dicho. Ocurre con la mayoría de los aspectos de nuestra vida, y este libro no es ninguna excepción: mucho de lo que he escrito aquí lo he recogido de investigaciones y reflexiones que otros han hecho antes que yo. He bebido de fuentes de la psicología evolutiva, la psicología de familia, teorías sistémicas y terapias emocionales. Por eso quisiera mencionar a algunos de los autores que más han influido en mi evolución profesional y en mi manera de contemplar esta materia.

La primera psicóloga infantil noruega, Åse Gruda Skard, fue una extraordinaria comunicadora. Su profesionalidad y su ternura ante el desarrollo de los niños me han marcado desde mis tiempos

de estudiante. Ya en los años cincuenta, Åse divulgó de forma accesible para el gran público la idea de que los niños lo hacen lo mejor que pueden. Por desgracia, no tuve la oportunidad de conocerla, pero sus textos siempre irán conmigo.

El danés Jesper Juul es una de las grandes voces de nuestro tiempo si hablamos de terapia infantil. Mi encuentro con él cambió mi forma de pensar. He asistido al curso de dirección de seminarios que imparte FamLab, lo que me ha proporcionado mucha más seguridad como comunicadora. Juul sitúa al niño donde corresponde, en la familia y en la sociedad. También posee la valentía de hablar en voz alta sobre aspectos que rompen con verdades generalmente aceptadas en cada momento, y ha demostrado que tenía razón una y otra vez. Tengo mucho que agradecerles tanto a él como a Hans Holter Solhjell en FamLab Noruega.

El Dr. Daniel Siegel escribió, a principios de los dos mil, el libro *Parenting From de Inside Out*, en el que relaciona la manera de ser padres con las nuevas investigaciones sobre el cerebro. Es un recurso de valor incalculable para entender lo lenta que es la evolución de un niño y para entenderse también a uno mismo.

Otro gurú americano, el Dr. Martin E. P. Seligman, ha trabajado en cómo la resistencia y la esperanza pueden fomentarse a través de la manera en que salimos al encuentro del niño. Nos hace pensar, sobre todo porque su investigación y sus libros son muy concretos. Cómo hablas a los niños y a ti mismo influye sobre los acontecimientos. Su línea terapéutica, conocida como *terapia emocional,* también ha marcado mi manera de trabajar.

La Dra. Sue Johnson nos muestra cómo a través del reconocimiento de los esquemas que se crean en la infancia podemos ayudar a los adultos a sentirse más seguros en sus relaciones cercanas.

Los esquemas se forman desde la cercanía y el amor. El contacto es lo más importante.

Y, por último, en la lista de autores norteamericanos, debo nombrar al psicólogo Ross Greene, quien señala la responsabilidad de los mayores a la hora de comprender y buscar soluciones cuando los niños tienen problemas, y resalta el hecho tan relevante de que los niños se comportan bien *cuando pueden*. Podría citar a muchos más tanto por sus investigaciones como por su labor divulgadora, pero los anteriores ocupan un lugar privilegiado en mi biblioteca y en mi memoria.

Mis excelentes compañeros de trabajo también merecen que los mencione. Hacen que me esfuerce más y me exprese mejor. Sobre todo, mi amigo Arne Jørgen Kjosbakken: trabajar tan cerca de él me aporta nuevos conocimientos cada día. También debo nombrar a Maureen Baird, que fue mi primera tutora en el campo de la terapia familiar: sabia, aguda y siempre generosa con todos, incluida yo.

Gracias también a quienes buscáis mi consejo, me preguntáis y permitís que forme parte de vuestros procesos. He aprendido algo de cada uno de vosotros, sobre todo de estas capacidades hermosas que las personas compartimos: esperanza y curiosidad, no rendirnos. Gracias.

Solo faltan los más importantes: mis hijos y mi pareja.

La familia en la que nos hemos convertido me hace atreverme a más, a amar más. Max, Klas, Mikkel y Kjetil, mi tribu. Sin vosotros no habría libro.